✓ 高考备考 ✓ 真题模拟 ✓ 增分秘籍 ✓ 强化训练

高考西班牙语
语法练习快速突破
1000题

1000 EJERCICIOS INTENSIVOS DE GRAMÁTICA DE ESPAÑOL DE ACCESO A LA UNIVERSIDAD

主编　孙引 李婉莎 万欣 何佳 刘博钰

U0152510

东华大学出版社·上海

图书在版编目 (CIP) 数据

高考西班牙语语法练习快速突破 1000 题 / 孙引等主编 . —上海 : 东华大学出版社 , 2024.1
ISBN 978-7-5669-2266-3
I. ①高… II. ①孙… III. ①西班牙语—语法—高中—升学参考资料 IV. ① G634.443
中国国家版本馆 CIP 数据核字 (2023) 第 188370 号

高考西班牙语语法练习快速突破 **1000** 题
1000 EJERCICIOS INTENSIVOS DE GRAMÁTICA DE
ESPAÑOL DE ACCESO A LA UNIVERSIDAD

主编 孙引 李婉莎 万欣 何佳 刘博钰

策　　　划：东华晓语
责任编辑：沈　衡
版式设计：莉莉安
封面设计：903design

出版发行：东华大学出版社
社　　　址：上海市延安西路 1882 号，200051
出版社官网：http://dhupress.dhu.edu.cn/
天猫旗舰店：http://dhdx.tmall.com
发行电话：021-62373056
营销中心：021-62193056　62373056　62379558
投稿及勘误信箱：83808989@qq.com

印　　　刷：常熟大宏印刷有限公司印刷
开　　　本：787 mm×1092 mm　1/16
印　　　张：9
字　　　数：424 千字
印　　　数：0001- 3000 册
版　　　次：2024 年 1 月第 1 版　2024 年 1 月第 1 次印刷

ISBN 978-7-5669-2266-3
定价：48.00 元

前言 PREFACIO

　　2008 年，中国和西班牙教育部签署了学分和学历互认协议，因此，西班牙语也加入了高考科目，全国统一考卷，满分 150 分，考生可以选择用西班牙语代替英语参加高考。2018 年，教育部发布普通高中最新课程方案，西班牙语被正式列为高中外语科目。很多中学开始引入西班牙语教学，高考使用西班牙语的人数也在不断增加。

　　然而目前市场上关于西班牙语高考备考的资料却相当匮乏。只有少数的高考真题和模拟题可以参考使用，作为专项板块的练习更是少之又少。学生在学习语法时遇到的困难比较多，都在寻求较丰富的练习来巩固所学知识，希望能够为高考助力。

　　基于以上情况，我们精心为考生准备了《高考西班牙语语法练习快速突破 1000 题》。本书的编写基于研究历年高考题型、考点、难度和动向之上，并紧紧围绕新版《现代西班牙语》前三册的知识点，围绕高考西班牙语知识板块的四个题型（动词正确形式填空、前置词填空、冠词填空和单项选择）来编写。本书主要分为两大部分：第一部分为四个题型的专项练习，第二部分为语法板块的综合练习。试题均配备详细的答案和解析。通过本书专项和综合练习的训练，可以帮助考生复习总结高考知识点，查漏补缺，强化语法知识，提高应试能力，从而取得更好成绩。

　　本书在编写过程中，得到了许多家人、同事、朋友们的支持和帮助。在此，特别向安浩、丁巍、龙俊江以及东华大学出版社沈衡编辑致以诚挚的谢意。

　　由于编者经验和水平有限，编写时难免有不足之处，敬请广大读者批评指正。

编者

2023 年 5 月

目录 CATÁLOGO

专项练习
EJERCICIOS ESPECIALES

第一部分 动词填空

将括号内的原形动词变为适当的人称和时态，填入空格内。

例：Antonio, (poner, tú) __pon__ los platos en la mesa.

1. No está Pepe en casa, (decir) _____ que ha salido de viaje.

2. Juana estaba gravemente (herir) _____ y no podía ni siquiera caminar.

3. Si no tienes la carta de invitación, no te (dejar) _____ entrar en la sala.

4. En estos años, la situación económica de este país (mejorar) _____ mucho.

5. ¿Por qué estás un poco pálido? ¿(Estar, tú) _____ enfermo?

6. No salgas de casa hasta que (cesar) _____ la lluvia.

7. Cuando entró la profesora, los alumnos ya (terminar) _____ los ejercicios.

8. Mañana a esta hora, ya (acabar, yo) _____ el último capítulo de mi tesis.

9. - Ayer Miguel no vino a la oficina. ¿Sabes por qué?

   - No sé exactamente. ¿(Ir) _____ al hospital?

10. Le pidió a mi hermano que me (escribir) _____ cuando llegara a Beijing.

11. Saldremos a la calle aun cuando (llover) _____ torrencialmente fuera.

12. Los padres le prohibían a la hija que (salir) _____ con el chico.

13. Voy a repetir el texto para que lo (entender, vosotros) _____ mejor.

14. Yo no viajaría en avión a menos que no (tener) _____ otro remedio.

15. Es necesario que (dar, nosotros) _____ una gran fiesta para dar bienvenida a los recién llegados.

16. No bailaré contigo hasta que (aprender, tú) _____ a bailar.

17. Me siento muy alegre de que (lograr, usted) _____ la oportunidad de ir a España.

18. Sería mejor que en las ciudades grandes (haber) _____ más autobuses de servicio a las horas punta.

19. Estaba muy seguro de que lo reconocería tan pronto como lo (ver, yo) _____.

20. El rey prometió que casaría a la princesa con el que la (salvar) _____.

21. Cuando (saber, tú) _____ la verdad, no te pongas tan furioso.

22. Teresa, sube el volumen de la radio a fin de que tus abuelos la (escuchar) _____ mejor.

23. Teníamos miedo de que no (asistir, ellos) _____ a la conferencia.

24. ¡Que (llover) _____ ! Los cultivos lo necesitan.

25. Se lo llevó sin decir nada como si el diccionario (ser) _____ suyo.

26. Estamos hartos de que siempre nos (decir) _____ lo mismo en la oficina.

27. Es una gran alegría que por fin el trabajo (terminarse) _____ a tiempo.

28. El gerente dice que necesita una secretaria que (saber) _____ manejar bien el ordenador.

29. En caso de que (construirse) _____ un camino en el pueblo, la vida sería mucho mejor.

30. Siguieron avanzando como si no (ver) _____ el letrero que indicaba que por aquí no se pasaba.

31. No lo creeré aunque lo (ver, yo) _____ con mis propios ojos.
32. No pensaban que lo que había hecho la mujer en aquella ocasión (ser) _____ razonable.
33. Por más esfuerzos que (hacer, tú) _____, no te darán la oportunidad.
34. Prométeme que me invitarás en cuanto (nacer) _____ tu primer hijo.
35. No había nadie en clase que (venir) _____ de aquella provincia.
36. Era una lástima que (perder, vosotros) _____ una oportunidad tan buena.
37. Aun cuando (insistir, nosotros) _____ tanto, no lo hemos persuadido.
38. Me sorprendió mucho que (enterarse, él) _____ de lo ocurrido.
39. Me dirigió una mirada como si (tener) _____ algo que preguntarme.
40. Salió, pero regresó con mucha prisa como si (olvidar) _____ algo importante en casa.
41. Si ella (saber) _____ la verdad, me la dirá sin duda alguna.
42. No sé la hora de la reunión. Te habría dicho si la (saber, yo) _____.
43. Si me (avisar, tú) _____ de tu opinión, yo no estaría aquí ahora, en tu oficina.
44. Puedes sentarte donde (querer) _____, hay suficientes asientos.
45. Los padres dijeron que era posible que (volver, ellos) _____ antes de las once.
46. Antes de cenar, (lavarse, vosotros) _____ las manos.
47. Si no quieres hacerlo, (decirme, tú) _____ directamente.
48. Para evitar más malentendidos, (callarse, usted) _____ por favor.
49. Si tienes problemas en el estudio, (pedir, tú) _____ ayuda a Juan.
50. Nunca (dejar, nosotros) _____ a los niños o ancianos encerrados en el coche, que es muy peligroso.
51. (Perdonar, usted) _____, ¿podría decirme qué hora es?
52. De ninguna manera (preguntas, tú) _____ a una señora por su edad.
53. (Apagar, tú) _____ todas las luces antes de salir.
54. Paco, (ayudarme, tú) _____ a acercar la mesa a la ventana, que es muy pesada.
55. Si no molesta, (repetir, usted) _____ lo que acaba de decir, no he oído bien.
56. ¡No me (decir) _____! ¡Dios mío! ¡Pepe y María se han casado!
57. (Esperar, ustedes) _____ un momentito, el gerente ahora está contestando a una llamada importante.
58. No me (molestar) _____, no veis que estoy muy ocupado.
59. Nunca (meterse, vosotros) _____ en los asuntos ajenos.
60. Si tú no puedes, ¿quién puede? (Animarse) _____.
61. Cuando terminara el trabajo, (ser) _____ las once de la medianoche.
62. No pudo encontrar a Juan. ¿(Irse) _____ de la oficina?
63. Él dijo que me (invitar) _____ a su nueva casa la semana que venía.
64. Me (gustar) _____ acompañarte a la librería, pero tengo un compromiso muy importante.
65. Mi novia me llamó diciendo que dentro de poco (venir) _____ a verme.
66. Si hubieras llegado un poco antes, no (perder) _____ el avión.
67. Yo en tu lugar, no le (decir) _____ nada por el momento, porque no aguantará un golpe tan duro.
68. Si no hubieran detenido a los terroristas en aquel momento, el resultado (ser) _____ peor ahora.
69. La madre pensó que si el niño seguía tan débil, lo (llevar) _____ al hospital.
70. Estaba muy preocupado de no poder alcanzar el tren, que (salir) _____ a las cuatro y media.

71. Si no hubieran logrado el premio, sus libros no (venderse) _____ tan bien ahora.

72. Si fuera él una persona bien educada, no (decir) _____ esas groserías a los ancianos.

73. ¡Ojalá me hubieran hecho caso! Ahora no (estar, ellos) _____ en ese apuro.

74. Luciana prometió a sus padres que antes de que volvieran a casa ellos, ella ya (preparar) _____ la cena.

75. (Casarse, yo) _____ si hubiera encontrado a una mujer de la que me enamorara.

76. La maestra no sabe qué (hacer) _____ con ese alumno, tan travieso y tan desobediente.

77. Sin la ayuda de mis profesores, no hubiera podido (ver) _____ realizado mi sueño.

78. Te aconsejo (consultar) _____ a Anna sobre esto, ella sabe todo.

79. Es necesario (lavarse) _____ las manos antes de comer, especialmente en la época de la pandemia.

80. Sin (decir) _____ nada, cerró la puerta de su habitación, y no salió toda la tarde.

81. (Conversar) _____ con Pedro, me enteré de que nuestra profesora extranjera no volvería a enseñarnos debido a la pandemia.

82. Aquel día, (ver) _____ que la mujer estaba enfadada, el marido no se atrevió a salir por la noche.

83. He llevado casi cuatro años (estudiar) _____ el español, por eso, lo hablo con fluidez.

84. ¡No me molestes! No ves que estoy (hacer) _____ algo importante.

85. (Ir) _____ hacia la parada, alguien me robó la cartera.

86. Mi hijo me contestó, (poner) _____ los ojos en el techo, que no quería comer nada.

87. (Ser) _____ una misión tan complicada, Luisa la terminó a tiempo y con éxito.

88. Al escuchar la voz de alguien, el ladrón salió de la casa (huir) _____.

89. Cuando se acercaba el policía, el joven echó a (correr) _____.

90. Poco a poco la situación económica va (mejorarse) _____.

91. ¿Todavía sigues (mantener) _____ contacto con los profesores de la universidad?

92. Josefina no está (prepararse) _____ para hacer sola un viaje que durará tres días.

93. Una vez (ponerse) _____ el cerco, no salieron los enemigos.

94. Cuando llegó a casa, él encontró a sus hijos (sentarse) _____ ante el televisor.

95. Mamá, ya tengo los deberes (hacer) _____. ¿Puedo salir a jugar con los amigos?

96. Los turistas llevan (recorrer) _____ más de diez ciudades de este país.

97. Dicen que Lucía anda muy (ocuparse) _____ estos días.

98. La comida ya está (preparar) _____. ¡Sentémonos a la mesa!

99. (Ser, yo) _____ estudiante de español, es necesario que lea las obras representativas de los escritores de habla española.

100. Al (enterarse, yo) _____ de lo ocurrido, no hice nada sino saqué mi celular para buscar informaciones por Internet.

101. Dame una chaqueta de las que (tener, tú) _____ en el armario.

102. No te preocupes. El jefe siempre (ser) _____ una persona buena. Te ayudará.

103. Vamos a la calle donde (haber) _____ muchas tiendas de ropa.

104. (Necesitar, ellos) _____ a alguien que pueda ayudarlos en el trabajo.

105. Todavía (recordar, yo) _____ el nombre de la chica que encontré en la fiesta hace diez años.

106. Te (decir, yo) _____ muchas veces que las ropas no se pueden lavar junto con los calcetines.

107. ¿(Probar, vosotros) _____ alguna vez la comida española? Está buenísima.

108. La profesora siempre nos (tratar) _____ con paciencia, pero ¿por qué ahora se pone tan impaciente?

109. Este año (ocurrir) _____ más de diez accidentes en esta calle.

110. Pablo conoce muy bien México porque (estar) _____ allí más de diez años.

111. Mafalda y yo (ser) _____ amigos, pero ahora, incluso no nos dirigimos la palabra.

112. Hasta ahora, (aprenderse, nosotros) _____ más de cien palabras del español.

113. La secretaria contesta a la llamada diciendo que el gerente (estar) _____ en una reunión urgente.

114. ¿Qué (pedir, usted) _____? ¿Carne o pescado?

115. (Hacer) _____ falta cinco personas para levantar la mesa. Ve a pedir ayuda.

116. El sábado pasado (estar, yo) _____ en la casa de un amigo celebrando su cumpleaños.

117. Con esta lluvia, (tener, ellos) _____ que dejar el coche en el camino y caminaron hasta la parada.

118. Cuando (llegar, él) _____ a la oficina, todos estaban trabajando.

119. Ayer fue al hospital, y en el hospital, una enfermera le (poner) _____ una inyección.

120. La falta de dinero (impedir) _____ que llevaran a cabo la obra a tiempo.

121. Anoche, cuando se produjo el incendio en el bosque, muchos jóvenes (ofrecerse) _____ a transportar agua en sus motocicletas para apagar el fuego.

122. (Divertirse, ellos) _____ mucho en la fiesta de anoche.

123. El policía le (imponer) _____ una multa porque había aparcado el coche fuera del aparcamiento.

124. El año pasado (volver, yo) _____ cinco veces a mi pueblo natal.

125. Conversando, (llegar, nosotros) _____ a la escuela sin darnos cuenta.

126. - ¿Sabes que en esta zona se construirá el edificio más alto de la ciudad?
    - No lo (saber) _____. ¿Cuándo empezará la construcción?

127. Preguntaron a la secretaria en qué piso (estar) _____ la oficina de personal.

128. Mientras preparaba el desayuno la mujer, el marido (leer) _____ el periódico.

129. En aquel entonces, la gente (llevar) _____ una vida dura pero feliz.

130. Como (hacer) _____ buen tiempo, Pepe y María salieron a dar un paseo por el parque.

131. Cuando estábamos en Madrid, si encontrábamos algún problema, (acudir) _____ a Juan.

132. Me contó que (soler, él) _____ pasar las tardes en la biblioteca.

133. En aquellos años, (ir, nosotros) _____ al cine dos veces a la semana.

134. Cuando llegó la ambulancia, la mujer (morir) _____.

135. Le entregué a la profesora el trabajo que (terminar) _____ hacía dos días.

136. Le contaron a la policía que aquel día, a las tres y media ya (volver, ellos) _____ de la biblioteca.

137. El domingo pasado cuando llegaste, yo ya (escribir) _____ la carta.

138. Aquel día, cuando nos encontramos con ellos en el camino, ya (andar, nosotros) _____ unos diez kilómetros.

139. - Fuimos a tu casa ayer, pero no te encontramos.
    - Mi madre me lo ha dicho. Es que cuando llegaste, (marcharse, yo) _____.

140. En su última carta, él me dijo que lo (admitir) _____ en una universidad de lenguas extranjeras.

141. El próximo domingo (reunirse, nosotros) _____ con algunos amigos viejos a quienes no

vemos desde hace mucho.

142. Mañana el gerente de la empresa (entrevistarse) _____ con el responsable de la delegación comercial chilena.

143. No me preguntes. Ve a preguntar a Pilar. Ella te (decir) _____ todo.

144. Creo que el avión (despegar) _____ a tiempo si mañana hace buen tiempo.

145. A partir del próximo año, los visitantes (poder) _____ reservar entradas del museo por Internet.

146. Si estás libre esta tarde, te (invitar, yo) _____ al cine.

147. Mañana a las ocho y media el tren ya (llegar) _____ a la Ciudad de México.

148. Antes de que lleguen los invitados, (preparar, ellos) _____ todos los platos típicos de su país.

149. - ¿Por qué José no viene a la oficina?
     - No sé. ¿Estará enfermo o (irse) _____ de vacaciones?

150. Cuando regresen los padres, mi hermana y yo (acostarse) _____.

第二部分 前置词填空

根据需要将前置词或前置词与冠词的缩合形式填入空格内。

例: Dicen que acabas ___de___ recibir un paquete de libros.

1. -No quiero entrar ahí, mamá, hay alguien.
   -No, hijo, no hay nadie ni _____ las cortinas ni _____ la mesa.
2. ¡Chico! Lo ha hecho bien o mal, _____ se mire.
3. ¿Te acuerdas de Carmen? Me he encontrado con ella y me ha preguntado _____ ti.
4. Conozco a Martín _____ hace dos año.
5. ¡Cómo le voy a dejar que insulte a cualquiera! Tú, ¿ _____ quién me ha tomado?
6. No voy a poder ir con vosotros, porque he quedado _____ Ana.
7. Sigue por esta calle y, al llegar al cruce, gira _____ la izquierda.
8. Al separarse, ella se ha quedado _____ el coche, pero él se ha quedado _____ el piso.
9. Lo he pensado mucho y estoy _____ la decisión tuya.
10. Carmen suele hacer _____ la persona mala, pero en esta película hace _____ médica.
11. Al ver que un desconocido lo seguía, el chico se echó _____ correr.
12. Los campesinos eligen las manzanas _____ tamaño, y luego las empaquetan.
13. La empresa quiere elevar a Linda _____ el puesto de directora.
14. Ya que te empeñas _____ abandonar tu trabajo, nadie puede impedirte.
15. El conferenciante empezó _____ hablar del mismo tema, yo empezaba a sentir dolor de cabeza.
16. Para aprender un nuevo idioma, hay que empezar _____ el alfabeto.
17. Se enamoró _____ Paula en su primer viaje.
18. El jefe dijo a su secretaria que se encargara _____ guardar bien todos los documentos.
19. En la fiesta nos hemos encontrado _____ muchos conocidos.
20. Es un cobarde y teme enfrentarse _____ los cambios y las dificultades.
21. Se enojó _____ su mejor amiga y hace ya casi dos meses que no se hablan.
22. José sabe muy bien entenderse _____ todo el mundo.
23. Si te encuentras mal, échate _____ la cama un rato y ya acabo yo el trabajo.
24. Hay que educar _____ este chico porque está hecho un salvaje.
25. La enteraron _____ asunto.
26. Habiendo perdido la llave de la casa, Ana entró _____ la ventana.
27. Hay que disponer las mesas _____ forma adecuada para que todos puedan ver el escenario.
28. Los vencedores, aprovechándose _____ la inferioridad armada de los enemigos, conquistaron su tierra.
29. La mujer me pareció aburrida _____ un principio, pero resultó ser muy interesante.
30. Ha conseguido terminar _____ la plaga de insectos de la plantación.
31. Por un descuido, se equivocó _____ la fecha de partida de tren.

32. Varios alumnos se ofrecieron _____ pagar los estudios de los pobres niños.

33. Me limito _____ hablarte de lo más concreto.

34. Me di cuenta _____ que no querían decir la verdad.

35. Cuando estudiaba en la Universidad, ella iba _____ vez _____ cuando al cine con su novio.

36. _____ motivo _____ el Año Nuevo, el marido compró un regalo a su mujer.

37. Durante mucho tiempo, el barco tuvo que navegar _____ el viento.

38. Si lo hacen_____ cinco personas, podrán terminarlo a las seis.

39. Como no quería cansar _____ sus amigos, él lo hace solo.

40. En lo que se refiere _____ el segundo capítulo de esta novela, quisiera decir que es una historia interesante.

41. Creíamos que eran viejos amigos, pero _____ realidad se conocieron hace una semana.

42. La secretaria tardó mucho _____ darnos el lugar determinado de la reunión.

43. No creo que el tipo sea capaz _____ hacerlo todo en tan breve tiempo.

44. Amigos, si conociera mejor su lengua, les expresaría _____ ella mi agradecimiento.

45. Se trata _____ una leyenda maravillosa, quiero contarte con más detalles.

46. En mi opinión, no tienes por qué sospechar _____ nosotros.

47. No te hagas ilusiones _____ ese viaje que él te ha prometido. ¿No sabes que nunca cumple su palabra?

48. Estamos seguros _____ que nadie nos impedirá seguir avanzando.

49. Al abrir los paquetes y ver los regalos que les traían los abuelos, los niños saltaron _____ alegría.

50. Cuando el tren se aproximaba _____ la estación, comencé a divisar a mis amigos.

51. _____ conseguir ese trabajo, no necesitas la recomendación de nadie.

52. Con el equipaje listo, Daniel se dispuso _____ ir al aeropuerto.

53. Las patatas están _____ setenta pesetas el kilo.

54. No te preocupes, no te castigarán _____ decir lo que piensas.

55. Sé que están hablando mal _____ mí.

56. Oye, préstame atención. Hablo_____ tú.

57. _____ tú y yo terminaremos esto en seguida.

58. _____ una situación como ésta tenemos que actuar con prudencia.

59. No se puede hacer nada _____ una autoridad tan estricta.

60. Ten cuidado o vas a chocar _____ la pared.

61. Se metió entre los delincuentes _____ que lo descubrieran.

62. No estoy segura de la fecha, creo que será _____ el 22 y el 23.

63. Quiere aclarar que lo hemos conseguido no _____ un gran esfuerzo.

64. Irás mejorando tu pronunciación _____ vayas practicando.

65. Calculo que habría _____ trescientas personas.

66. En cuanto _____ lo que has dicho, no quiero hacer ningún comentario.

67. _____ frecuencia, ella habla de sus experiencias de estudio en España.

68. Me muero _____ calor. Estoy sudando como un caballo.

69. Supongamos que un día se presentan _____ nosotros seres de otro planeta.

70. Mis padres vivían en el campo. Se dedicaban _____ la agricultura.

71. Tomé la decisión _____ ir al lugar donde había ocurrido el accidente para comprobar si era cierta la noticia.

72. Los sitiados sospecharon que los sitiadores se disponían _____ retirarse.

73. No hace falta que usted me acompañe. Basta _____ que me indique el camino.

74. Como las copas estaban sucias, el camarero tuvo que cambiárnoslas _____ otras.

75. Nuestro equipo de fútbol cuenta _____ los mejores jugadores de la facultad.

76. ¿Desde cuándo sufres _____ el estómago?

77. Esta noche tendré que trabajar en la oficina _____ que alguien venga a reemplazarme.

78. Como tenía mucha prisa Ana se lanzó _____ la calle, cubriéndose la cabeza con un periódico.

79. Creo que esta actitud no sólo me va a ayudar a progresar _____ mayor rapidez en el aprendizaje del idioma, sino también a conocer mejor a este pueblo.

80. Naturalmente hoy tampoco se ha olvidado _____ traer algo a sus animales preferidos.

81. Ellos disfrutan _____ todas las comodidades de la vida moderna.

82. Todos los soldados se levantaron _____ los enemigos.

83. ¿Sabes cuántos euros _____ el mes gana una asistenta?

84. Entonces, ha sonado el silbato y el tren se ha puesto _____ marcha.

85. Profesora, ahora estoy en su oficina, ¿puedo aprovechar la ocasión _____ hablar con usted.

86. Al ver _____ lejos la muchedumbre, él se acercó poco a poco.

87. Acudieron los otros hombres y, _____ todos, echaron al hombre del salón.

88. ¡No vuelvas a meterte _____ mis asuntos!

89. Para que no se caiga el bastón, el abuelito lo pone contra la pared antes _____ aceptar el examen médico.

90. A Paula le ha costado mucho tiempo convencer al gerente de que deje _____ insistir en su idea.

91. De niño, él soñaba _____ viajar a la India.

92. Se nota que admiras a José. Siempre que hablas _____ él, lo cubres en elogios.

93. _____ pesar de que comprar por Internet está en boga hoy, los viejos se resisten a hacerlo.

94. Las primeras civilizaciones urbanas aparecen _____ el 3000 a.c. en diversos lugares de África y Asia.

95. _____ el estudio de investigación Mujer y Salud, elaborado por el Instituto de la Mujer, la mujer vive más que el hombre.

96. Las razones por las que los adolescentes inician el consumo del tabaco consisten _____ dos: curiosidad e influencia de familiares y amigos.

97. Busqué mis calcetines _____ todas partes sin encontrarlos.

98. ¿Sabes _____ quién nos encontramos anoche?

99. Te repito, no salgas de la habitación _____ apagar la luz.

100. Apareció un oso olfateando _____ el suelo. Poco después desapareció dentro del bosque.

101. Piensa bien _____ la especialidad que seguirás en la universidad.

102. Prefiero dedicarme _____ el comercio exterior cuando me gradúe de la universidad.

103. Soy una persona paciente, ordenada, _____ buen trato con los demás y con facilidad de palabras, cualidades que harán de mí, según ellos, una buena profesora.

104. Varios compañeros del curso son muy aficionados _____ la literatura y piensan dedicarse a la traducción.

105. Se trata de un programa _____ mucha importancia.

106. Gracias _____ tus elogios, todavía estoy dudando entre la traducción y la dedicación a escribir.

107. Aunque todo el mundo decía que era muy pronto, a los tres años ya nos obligaron _____ aprender a leer y escribir.

108. Es muy pronto para informarnos _____ los resultados de nuestra gestión.

109. Estoy seguro de que acudirás _____ mi ayuda cuando me encuentre con las dificultades.

110. Con su ayuda, me atreví _____ invertir en negocios.

111. Me han admitido _____ la Universidad de Idioma y ya he empezado mis clases de chino junto con un grupo de jóvenes procedentes de diversas partes del mundo.

112. Con una historia dramática basada en hechos reales donde se habla tanto del derecho a una muerte digna como del derecho _____ vivir, la película española ha pasado a ser una de las más comentadas.

113. Entre las fiestas que se celebran _____ países cristianos, el Carnaval es muy especial.

114. Simón Bolívar deseó unir toda América Latina en una sola república, pero tuvo que conformarse _____ la independencia de Panamá, Colombia, Venezuela, Ecuador, Perú y Bolivia.

115. El ejército sufrió la mayor pérdida mortal en tiempo _____ paz.

116. La policía está persiguiendo _____ un hombre con un corte de la espalda.

117. Al despedirse _____ mí, se dirigió a su oficina.

118. El ejército japonés se retiró _____ nuestra ciudad en 1945.

119. Ya no duden ustedes más. Decídanse _____ una vez.

120. Sin poder creer lo que había ocurrido, los troyanos dudaron por un momento, pero en seguida se lanzaron fuera de la ciudad, gritando llenos _____ alegría.

121. ¿Podemos encargar _____ Antonio que nos compre lo que necesitamos?

122. Nos preparamos _____ salir de viaje.

123. Aunque se le presentaban muchas dificultades _____ el trabajo, no pensaba aceptar ninguna ayuda.

124. No le llamé _____ teléfono porque temía molestarlo.

125. ¿Están enterados _____ la hora de la conferencia todos compañeros?

126. ¿Cómo es posible que no sepáis la noticia si se ha extendido _____ toda la ciudad en menos de un día?

127. _____ falta de tiempo no nos pudieron explicar con detalles.

128. Supongo que no se retirarán _____ que les convenza yo con nuevas pruebas.

129. Es necesario agradecer al anfitrión por su invitación antes _____ marcharse.

130. El presunto homicida se entregó _____ la policía durante la madrugada del sábado.

131. El periodista lo envolvió _____ una maraña de datos y cifras.

132. Esta marca equipa _____ motores a los pilotos de la escudería.

133. Escondió el dinero del robo _____ una vieja fábrica abandonada.

134. Espero mucho _____ ti, pero me has defraudado.

135. Atenas dejó la colina del asentamiento inicial para establecerse _____ la zona circundante, quedando aquella como área sagrada y monumental.

136. _____ que varios compañeros y yo formamos el equipo de voluntarios, hemos prestado mucha ayuda en la sociedad.

137. México ocupa el primer lugar en el mundo _____ la producción de plata.

138. Asustada por el desconocido, la niña se echó _____ llorar.

139. Mi habitación no da _____ la calle, por eso es muy tranquila.

140. Según muchas personas, la noticia que acabamos _____ recibir es una pura mentira.

141. Con el cambio ocurrido en Chengdu últimamente, cuando la vea de nuevo, le parecerá, _____ duda, otra cuidad.

142. El niño se parece mucho _____ su madre.

143. No solo libramos a la niña _____ la mayor parte de los trabajos domésticos, sino que también le

servimos como profesor a domicilio.

144. El tipo siempre aguanta todo lo que puede y no se cansa _____ menear la cola y bajar la cabeza ante los poderosos.

145. Cuando los troyanos se despertaron al día siguiente, su ciudad ya estaba _____ poder de los griegos.

146. Esperamos que en ese pueblo haya, _____ lo menos, luz eléctrica.

147. Como había un coche aparcado _____ medio de la calle, se produjo un grave atasco.

148. Sé que vas a llevar _____ cabo un estudio sobre los problemas sociales de Bolivia. Te aconsejo informarte, primero, sobre la cultura y las costumbres de ese país.

149. ¿Estáis seguros _____ poder recorrer tantos lugares en tan breve tiempo?

150. Te advierto: si sigues atacándome tendrás que responder _____ lo que pueda pasar.

第三部分 冠词填空

根据需要将冠词或前置词与冠词的缩合形式填入空格内。

例: Todos __los__ días, tenemos dos clases de español.

1. Juan ofreció un banquete en _____ honor de su viejo amigo.
2. Aunque _____ niña tenía cinco años, podía contar hasta cien.
3. El año pasado Beatriz solía pasear por la calle todos _____ lunes por la noche.
4. Le condenaron a quince años en _____ cárcel por un crimen grave.
5. Se produjo la guerra a _____ finales del siglo XX.
6. No podré hacer _____ viaje hasta terminar el trabajo sobre la cultura española.
7. No me gusta el tipo, es que cambia de _____ actitud de un momento a otro.
8. El profesor les dijo a los alumnos: "Colgad _____ mapa mundial de la mesa, por favor".
9. Me he enterado de la noticia en _____ radio.
10. Por la mañana oí hablando por _____ teléfono a mi hijo con su compañero.
11. _____ cabeza de la familia González ordenó que todos sus familiares se reunieran en la plaza.
12. La chica habla español tan bien que la tomamos por _____ española.
13. En el comedor, el almuerzo suele servirse entre las doce y _____ una y media.
14. ¿Puedes aventurar _____ hipótesis: el autor no quiere plantear esta idea?
15. Toda la familia de Juan quería reunirse en _____ sala más grande que esta.
16. Estos días me duele mucho _____ corazón.
17. Se produjo aquel accidente en _____ plena noche.
18. En ese momento fue el policía quien impuso _____ orden.
19. A _____ derecha de la tienda queda el supermercado más grande de la ciudad.
20. Por la mañana cuando la madre quería salir el hijo le impidió _____ paso.
21. El desconocido le dio _____ vistazo y se quedó con la boca abierta.
22. Es _____ costumbre muy interesante preparar la comida.
23. Los niños solían frotarse _____ manos para calentárselas en invierno.
24. Date prisa. Quiero comprar un vaso de agua. Me moriré de _____ sed.
25. A pesar de _____ lluvia, los soldados seguían avanzando.
26. A decir _____ verdad, en lugar de sentir compasión por aquella desgraciada, me alegraba de su triste suerte.
27. El cliente le dijo a la dependiente que no le gustaba la chaqueta de _____ color oscuro.
28. No te olvides de apagar _____ luz antes de salir de la habitación.
29. ¿Puedes reconocer _____ imágenes de los personajes de estrellas?
30. Este plato tiene _____ sabor muy particular.
31. María siempre no comprendía por qué los demás la tomaban como _____ tonta.
32. ¿Podrías decírmelo de _____ vez? No quiero esperar más.

33. Últimamente cojo un resfirado no muy grave, pero tengo _____ nariz tapada.

34. No te hagas _____ tonto, ya nos hemos enterado de todo.

35. Como no se pusieron de _____ acuerdo, decidieron hacer un experimento y apostarse una fuerte cantidad de dinero.

36. En _____ frente había muchos heridos y muertos.

37. Gabriel García Márquez es _____ figura más representativa de lo que se ha venido a llamar el realismo mágico hispanóamericano.

38. Cuando te otorguen la beca _____ año que viene, podrás ir a estudiar a España.

39. Los novios se enamoraron a _____ primera vista.

40. El primer día le sirvió todas _____ golosinas que encontró en el palacio.

41. Marcos, Adrián y Casimiro habían estado siempre enfrentados. Su único objetivo era demostrar quién era _____ mejor.

42. Toda _____ gente del pueblo conocía su eterna rivalidad.

43. Ninguna de las chicas iba a ser _____ primera en lanzarse a la calle.

44. Marcos dijo: Pero tenemos que hacerlo entre _____ tres.

45. Creo que me voy a echar _____ siestecita.

46. Y muy vieja debía de ser, porque al tercer paso que dio el pirata la pata se le partió y se cayó de bruces. A punto estuvo el pirata de perder _____ dientes.

47. El segundo día la princesa le preparó pasteles de _____ chocolate a su padre.

48. A _____ cinco menos cuarto del reloj de la cocina dio la hora y Shakespeare asomó el hocico fuera de la habitación, oteando el pasillo.

49. Oyó, de pronto, el silbido de la tetera, donde _____ agua hervía cantando su canción de todos los días.

50. Echó _____ mirada a su alrededor y empezó a pasearse entre las cosas del té.

51. La buena mujer perdió _____ paciencia de tal modo que la emprendió a bofetadas con ella y la chica se puso a llorar a voz en grito.

52. - Con toda _____ alma os lo prometo -respondió la muchacha-. Podéis empezar ahora mismo.

53. Cuando hubieron acabado el lino de la primera habitación, pasaron a la segunda, y después a la tercera, de forma que no tardó mucho en quedar acabada toda _____ labor.

54. -Tengo tres primas - dijo ella - a las que debo _____ grandes favores y no quiero olvidarlas en la hora de mi felicidad.

55. _____ señor cura tenía un perro que asustaba a los animalitos.

56. Un atardecer, cuando un anciano poeta estaba en casa, el tiempo se puso muy malo; fuera llovía a _____ cántaros.

57. Todos los demás se rindieron al no ser capaces de superar el muro. Solo algunos han resuelto _____ problema.

58. La palabra Latinoamérica ha sido usada para referirse a 21 países, de _____ cuales 19 hablan lengua española, Brasil, la portuguesa y Haití, la francesa.

59. Entonces la tortuga se esforzó todo lo que pudo en subir la colina y pasar a _____ liebre, que estaba profundamente dormida.

60. Solo jugaremos a _____ cartas y te enseñaré todos mis secretos.

61. - ¡ Pobre pequeño ! - exclamó el compasivo poeta, cogiéndolo de _____ mano -.

62. _____ tablas que formaban el suelo del granero tenían un agujerito.

63. Hecho esto, corrió en busca de _____ demás ratones de los alrededores y los invitó a una

fiesta en su granero.

64. Enrique lleva muchos años en España y domina _____ idioma muy importante del mundo.

65. A Pepe le gustaba mucho volar en aviones de _____ papel.

66. -¡Tortuga ! ¡ Eres _____ criatura más lenta del mundo !

67. Estaba una liebre siendo perseguida por _____ águila muy gigante.

68. Con _____ dinero que saque me compraré un vestido nuevo de color verde.

69. No había ningún agujero en las tablas, y en el nido no se veía ni _____ solo grano.

70. En ese momento, las ratas comenzaron a salir de todos _____ rincones de la ciudad.

71. A _____ diecinueve años Charlie vivió el primero de sus numerosos e intensos romances.

72. Su hijo le dijo que _____ tesis que estaba escribiendo trataba de la cultura española.

73. ¿Podrías hacer _____ síntesis sobre la cultura latinoamericana?

74. Era _____ ciudad rodeada por murallas, muy bonita y también muy próspera puesto que tenía un importante puerto.

75. Cuando _____ animales vieron aquello no se lo podían creer.

76. ¿Estáis seguros de que podremos vivir en _____ Planeta Rojo en el futuro?

77. Los chicos no tenemos más riqueza que la salud y _____ honradez.

78. Si conseguía hacerse rico, ganaba uno de los dos amigos, y si no, ganaba _____ otro.

79. Los campesinos tienen la costumbre de echar, cada año en estos momentos, una mirada retrospectiva al año pasado y planear _____ que viene.

80. Entre 2000 y 2004, España cambió cuatro veces _____ ley de extranjería.

81. A _____ comienzos del siglo XIX, en un viaje que había realizado al estadio Olímpico de Grecia, Barón de Coubertin, tuvo la idea de reiniciar los juegos.

82. ¿Quieres decir que los Juegos Olímpicos de hoy en día no tienen nada que ver con _____ antiguos?

83. Como ambos no querían ser molestados, por eso preferían guardar _____ silencio.

84. Es _____ tema tan especial que nadie quiere hablar sobre eso.

85. Era un verdadero angelito, pero estaba pálido de _____ frío y tiritaba con todo su cuerpo.

86. El que parte y reparte lleva _____ mejor parte.

87. Los egipcios creían que tras _____ muerte, el espíritu de los difuntos seguía viviendo eternamente.

88. _____ árbol de Navidad tiene su origen en el Norte de Europa, donde celebraban el nacimiento del Dios del Sol.

89. A principios del siglo XVI, Garrido se unió a las expediciones hacia _____ Nuevo Mundo.

90. En _____ comienzo, el astronauta perdido se puso nervioso.

91. De pronto, se fue _____ luz en todo el edificio.

92. Les contó a sus padres que había visto _____ fantasma, que había escuchado voces y pasos acechando.

93. Como es sabido, el español es uno de _____ idiomas más importantes del mundo.

94. _____ clima de esta zona varía mucho en diferentes estaciones.

95. En la carta los niños deberán escribir los regalos que quieren y todas las cosas buenas que han hecho y por _____ que merecen recibirlos.

96. Antes de salir de casa, la madre le advirtió a su hijo que no se olvidara de llevarse _____ paraguas.

97. Solo con apagar la televisión, el DVD o el ordenador cuando no estén en uso evitarás que miles de kilos de CO_2 salgan a _____ atmósfera.

98. Las alergias, en un 90% de los casos, están provocadas por _____ determinado alimento.

99. La niña no se encontraba bien, por eso su madre le tocó _____ frente para saber si tenía fiebre.

100. En casa no faltaban los atlas, los diccionarios y _____ enciclopedias.

第四部分 单项选择

从每题所给的 A、B、C、D 四个选项中选出最佳选项。

1. El hotel _____ nos alojamos mi hermana y yo es el mejor de la ciudad.
   A. que   B. donde   C. adonde   D. en la que

2. Es obvio que Elena se preocupa _____ del gato _____ de su marido.
   A. más, que   B. mejor, que   C. peor, que   D. tanto, que

3. La artista soporta enormes dolores físicos toda su vida _____ accidente de su juventud.
   A. porque   B. como   C. a causa del   D. con motivo de

4. Mi primo _____ dos años _____ que yo.
   A. tiene, mayor B. es, mayores   C. tiene, más   D. tiene, mayores

5. Mis hermanitos siempre hacían juegos con el sofá _____ saltaban cuando mis padres no estaban.
   A. que   B. sobre la que C. sobre los que D. sobre el que

6. Me gustaría hacerlo y si _____ tiempo, lo _____.
   A. tenga, haría B. tuviera, haría C. tengo, haría D. tuviera, haré

7. Ella no pinta nunca sus sueños _____ representa en la obra su más dura realidad.
   A. sino también B. sino que también. C. sino   D. sino que

8. Hace un año comenzó a frecuentar las conferencias literarias, _____ conoció su marido.
   A. las que   B. en los que   C. en las que   D. que

9. Buenas tardes, señorita, ¿_____ qué puedo servirle?
   A. en   B. de   C. a   D. con

10. Hoy en casa no tiene _____ agua _____ luz.
    A. ni, y   B. ni, ni   C. y, ni   D. o, o

11. Hicimos un recorrido _____ los pueblos bonitos del país.
    A. por   B. /   C. en   D. a

12. Dicen que una mujer y su hija _____ tres años murieron anoche en el incendio de casa

en plena noche.

A. de   B. con   C. para   D. a

13. La película era _____ aburrida _____ me quedé dormida.

A. tanta, que   B. tan, como   C. tan, que   D. tanta, como

14. Al acercarnos a la plaza, vimos mucha gente _____ ahí.

A. reunido   B. reuniendo   C. reunirse   D. reunida

15. Antonio, no te olvides de _____ las luces y _____ las ventanas antes de salir de la sala de clase.

A. encender, cerrar   B. encender, abrir   C. apagar, abrir   D. apagar, cerrar

16. Ellos son tan pequeños y no son _____ subir la maleta al tercer piso.

A. capazes de   B. capacidades de   C. capaces de   D. capacidad para

17. Está lloviendo mucho y los niños no tienen _____ posibilidad de salir a la calle.

A. alguna   B. nada   C. ninguna   D. ningún

18. la chica cogió _____ la mano a la anciana _____ ayudarle a cruzar la calle.

A. con, para   B. de, para   C. /, por   D. de, por

19. La muchacha en peligro _____ a su alrededor buscando ayuda, pero no _____ a nadie.

A. miraba, vio   B. miró, vio   C. vio, miró   D. veía, miró

20. Apenas _____ en el sofá, mi padre _____ ahora mismo.

A. echado, se durmió   B. echado, durmió

C. echándose, se durmió   D. echándose, durmió

21. ¿Qué estás buscando? ¿Tu mochila? _____ llevó tu hermano.

A. Se   B. La   C. Se la   D. Se lo

22. En caso de que no _____ el problema solo, podrás acudir a tu tío.

A. resuelvas   B. resuelves   C. resolvieras   D. has resuelto

23. A Teresa le interesa mucho la literatura hispánica, _____

A. a mí también   B. yo también   C. me también   D. a mi también

24. Hace dos semanas Juan terminó la traducción del documento y _____ entregó a su jefe.

A. le, lo   B. lo, se   C. se la   D. se lo

25. Si los alumnos no _____ su pronunciación, nunca _____ de verdad el italiano.

A. mejoren, dominarán   B. mejoran, dominarán

C. mejoraran, dominarán   D. mejoran, dominarían

26. Después de una dura discusión, _____ recibir nuestra proposición.

    A. acabó con   B. acababa de   C. acabó por   D. acabó

27. Según algunas informaciones, en un mes nadie descubrió la desaparición de la mujer, que al parecer vivía _____.

    A. solos   B. solo   C. solamente   D. sola

28. La chica de la izquierda es _____ alta _____ la de la derecha.

    A. tan, que   B. más, que   C. tanta, que   D. más, como

29. Estoy seguro de que ellos me _____.

    A. ayudarán   B. ayuden   C. ayudaran   D. ayudan

30. Me sentí triste de que mi mejor amigo _____ a una ciudad totalmente desconocida.

    A. se fuera   B. se vaya   C. se iba   D. se fue

31. Por favor, ¿_____ planta está la oficina del gerente?

    A. cuál   B. qué   C. dónde   D. en qué

32. Llevamos dos años _____ en mi nueva casa.

    A. instalándose   B. instalados   C. instalado   D. instalando

33. El chico se hizo _____ muerto cuando se acercaba el oso.

    A. el   B. /   C. la   D. un

34. Esta novela _____ la vida de los campesinos.

    A. trata   B. trata con   C. trata de   D. se trata de

35. - ¡Date prisa! El concierto empieza dentro de diez minutos.

    - No, no. Raquel dice que _____ a las nueve y media.

    A. son   B. es   C. serán   D. está

36. Este hotel tiene _____ pisos. En el _____ piso hay una piscina grande.

    A. diez, décimo   B. diez, décima   C. diez, diez   D. décimo, décimo

37. No salgas a menos que _____ las autoridades.

    A. indican   B. indicarán   C. han indicado   D. indiquen

38. En España hay cerca de dos millones _____ familias monoparentales.

    A. de   B. /   C. con   D. a

39. Las madres entrevistadas están _____ no llevar móvil a clase.

    A. en contacto con   B. en presencia de

    C. a favor de   D. en comparación con

40. Laura se equivocó _____ hora y perdió el avión _____ un descuido.

    A. de, por   B. de, con   C. con, por   D. con, por

41. Poco después la niña _____ sueño y se quedó dormida en brazos de su madre.

    A. se sintió   B. se sentía   C. sintió   D. sentía

42. Era evidente que todo el mundo no _____ de acuerdo.

    A. estuviera   B. estaba   C. estuvo   D. esté

43. Unos coches mal aparcados les impidieron _____ entrar en el hospital.

    A. a   B. de   C. que   D. /

44. No podía sostenerse _____ y tuvo que sentarse porque le dolían mucho las piernas.

    A. a pie   B. de pie   C. con pie   D. con los pies

45. _____ de los edificios se construyeron en aquella época.

    A. Las dos terceras partes   B. Dos tercio

    C. Los dos terceras partes   D. Los dos terceros partes

46. No _____ leer bajo una luz tan fuerte.

    A. debes a   B. debes de   C. debes   D. debes que

47. _____ en el sofá, Elena siguió _____ por teléfono a sus padres.

    A. Sentándose, llamando   B. Sentándose, llamada

    C. Sentada, llamando   D. Sentada, llamados

48. No nos gusta sentarnos a la mesa _____ la puerta?

    A. junta a   B. junta con   C. junto a   D. junto con

49. Mi sobrino estaba tan entregado al trabajo que hasta _____ comer.

    A. olvidaba   B. olvidó de   C. se olvidó   D. se olvidó de

50. Este mueble le _____ muchos euros, por eso cuando estaba estropeado, Juan _____ mucho en repararlo.

    A. ha costado, gastó   B. han costado, gastó

    C. ha gastado, costó   D. han gastado, costó

51. Se ha encontrado un cuchillo en la cama, _____ alguien mató a la señora.

    A. con la cual   B. con el cual   C. con que   D. el que

52. El gobierno está dispuesto _____ apoyar el programa _____ condición de que participen todos los barrios.

    A. a, a   B. /, a   C. de, en   D. a, en

53. Muchas mujeres intentan perder peso antes de que _____ el verano.

A. llega   B. llegue   C. llegará   D. llegara

54. No sabes _____ que son las comidas que nos recomendó Ana.
  A. lo sabroso   B. lo sabrosa   C. lo sabrosos   D. lo sabrosas

55. Por falta de tiempo, el profesor _____ explicar los puntos más importantes.
  A. se limitó a   B. limitó a   C. limitó   D. se limitó

56. No me permitieron que _____ en la discoteca por mi edad.
  A. entre   B. entrara   C. entraba   D. entré

57. No hace falta que te lo _____, puesto que ya lo _____.
  A. diga, sabes   B. diga, sepas   C. dice, sabes   D. dice, sepas

58. Juan no quería leer todo eso. Necesitaba a alguien que se lo _____.
  A. explicó   B. explicaba   C. explicaría   D. explicara

59. A mi hermano menor le encantan los barcos y sabe un _____ de cosas sobre ellos.
  A. cantidad   B. número   C. montón   D. cifra

60. ¿Crees que puedo confiar _____ ella? No somos muy amigas.
  A. a   B. en   C. con   D. de

61. ¿Qué tal el informe? ¿lo tendrás _____ el viernes?
  A. para   B. en   C. por   D. con

62. La conocí en la universidad y ahora también la veo _____, aunque no pasamos mucho tiempo juntos.
  A. con frecuencia B. a menudo   C. con constancia   D. de vez en cuando

63. ¿_____ qué estás pensando? Pareces preocupado.
  A. De   B. En   C. Con   D. A

64. Cuando llegue al aeropuerto, me _____ esperando los de la agencia de viaje.
  A. está   B. esté   C. estará   D. estarán

65. No me preguntes hasta que _____ contarte toda la verdad.
  A. pueda   B. puedo   C. podré   D. podría

66. ¡Date prisa! ¡_____ ropa! La película va a empezar pronto.
  A. Cambia   B. Cambia de   C. Cámbiate de   D. Cámbiate

67. Mucha gente cree que las tareas del hogar son pocas y fáciles de hacer, y _____, el trabajo de la oficina es muy duro.
  A. respecto de   B. en vano   C. por poco   D. en cambio

68. Me cuesta creer que el piso que me han recomendado _____ tan barato.
  A. sea   B. es   C. era   D. fuera

69. El señor con gafas dijo a su secretaria que _____ una oficina para mí.
  A. se disponía   B. se dispondría   C. dispuso   D. dispusiera

70. Nadie dudaba que ella _____ ayudarnos.
  A. se proponía a   B. se proponía   C. se propusiera a   D. se propusiera

71. Voy a hacer una fiesta mañana en casa. ¿Puedo contar _____ Juan en la cocina?
  A. entre   B. de   C. con   D. por

72. A Antonio le molestó mucho que no se lo _____ antes.
  A. hubiéramos dicho   B. habíamos dicho
  C. dijéramos   D. dijimos

73. En España la forma de celebrar esta fiesta _____ los otros países.
  A. parece a   B. parecido a   C. se parece   D. se parece a

74. El periódico _____ compró mi padre.
  A. que   B. lo   C. ╱   D. se

75. Como no quería participar en el partido, _____ mareado.
  A. fingió   B. se fingió   C. fingía   D. se fingía

76. Juan, ¿cómo _____ reemplazar esta pieza por una nueva?
  A. se te has ocurrido   B. te has ocurrido
  C. se te ha ocurrido   D. se ha ocurrido

77. _____ tres días _____ la Fiesta de Primavera.
  A. Falta, a   B. Faltan, a   C. Falta, para   D. Faltan, para

78. Los cines están cerrados por la epidemia. Si no, _____ ver la última película del director favorito.
  A. podríamos   B. podremos   C. podemos   D. pudimos

79. Cualquiera que _____ la Gran Muralla, quedará admirado de su grandeza.
  A. vea   B. haya visto   C. hubiera visto   D. ha visto

80. _____ de su éxito si hubierais visto en qué condiciones realizaba la investigación.
  A. Os habríais admirado   B. Os admiraríais
  C. Habríais admirado   D. Admiraríais

81. Ellos caminaban entre las filas de tiendas _____ con curiosidad a su alrededor.
  A. mirados   B. mirando   C. mirado   D. miraban

82. Nos hemos decidido a _____ su invitación.
   A. recibir   B. aprobar   C. aceptar   D. probar

83. Aun cuando _____ todos los días, no lo sobrepasaré.
   A. entreno   B. entrene   C. entrenara   D. he entrenado

84. Si insistes _____ luchar por tu sueño, por fin podrás lograr lo que quieres.
   A. en   B. a   C. ╱   D. de

85. Si Juan supiera nadar, _____ al río para salvar al niño ayer.
   A. se lanzaría   B. se lanzará   C. se habría lanzado   D. se lanzara

86. La habitación que me tocó daba _____ una montaña de paisaje hermoso.
   A. con   B. de   C. a   D. por

87. ¿_____ de los zapatos te gustan más?
   A. Cuál   B. Qué   C. Cual   D. Cuáles

88. ¡Qué novela _____ aburrida! No hace falta seguir leyendo.
   A. tanto   B. muy   C. mucho   D. tan

89. Si yo fuera tú, _____ más cuadros modernos en casa.
   A. pondría   B. pondré   C. pusiera   D. puedo

90. En nuestra universidad _____ más de veinte lenguas extranjeras.
   A. enseña   B. enseñan   C. se enseña   D. se enseñan

91. Juana preguntó a su hermano si _____ algo.
   A. escondió   B. escondía   C. había escondido   D. escondiera

92. _____ dos mil euros _____ viajar durante dos semanas por estos países.
   A. Basta, para   B. Bastan, para   C. Basta, con   D. Bastan, con

93. Se excusó por no haberse despedido de _____.
   A. yo   B. mi   C. mí   D. me

94. Todos los fines de semana Juan _____ un día _____ jugar al fútbol con sus compañeros.
   A. ocupa, en   B. ocupa, a   C. se ocupa, de   D. se ocupa, en

95. Antes de acostarme, mi abuelita me pide que le _____ un beso.
   A. de   B. dé   C. da   D. daré

96. Nadie quería ir a la comisaría como testigo porque tenían el miedo de que los delincuentes ellos.

A. vengaran a   B. vengarían a   C. se vengaran de   D. se vengarían de

97. Elena _____ guapa, pero hoy con esa falda azul _____ más guapa que antes.
    A. es, es   B. está, está   C. es, está   D. está, es

98. Le confirmé a Antonio si era _____ la noticia que había oído por la televisión.
    A. única   B. cierta   C. propia   D. reciente

99. El profesor dividió a los alumnos _____ varios grupos antes de que _____ en camino.
    A. en, se pusieron   B. por, se pusieron   C. en, se pusieran   D. por, se pusieran

100. Hace años _____ venir a este sitio a bailar.
     A. solíamos   B. solimos   C. solemos   D. hemos solido

101. La sala _____ espera estaba llena _____ gente.
     A. de, con   B. con, de   C. de, de   D. con, con

102. ¿ _____ qué hora volviste a casa anoche?
     A. De   B. Con   C. Por   D. A

103. Todos los vecinos se enteraron _____ lo ocurrido.
     A. a   B. de   C. con   D. sin

104. _____ menudo sueño _____ mi abuela.
     A. A, de   B. Con, de   C. A, con   D. Con, con

105. Nuestro principal problema radica _____ la falta _____ recursos económicos.
     A. en, de   B. a, de   C. de, a   D. con, a

106. Este niño solo llora _____ que se fijen _____ él.
     A. por, a   B. para, a   C. por, en   D. para, en

107. Todos se fían _____ Cecilia y eso es porque inspira confianza.
     A. a   B. de   C. en   D. con

108. Francisco ha cambiado mucho _____ que se casó.
     A. desde   B. de   C. antes de   D. a

109. Obtener un buen resultado depende única y exclusivamente _____ ti mismo.
     A. a   B. de   C. con   D. en

110. Mis amigos y yo, cuando comemos en algún restaurante, pagamos _____ escote.
     A. de   B. a   C. en   D. con

111. Tiene toda la razón; _____ tampoco es culpa nuestra.
    A. así mismo   B. no obstante   C. por consiguiente   D. encima

112. No creo que pueda ayudarte, _____ te escucharé.
    A. por tanto   B. de todos modos   C. de ahí que   D. además

113. Hace mucho frío, _____ ponte el abrigo y la bufanda.
    A. por otra parte   B. además   C. aun así   D. así que

114. Estoy totalmente de acuerdo contigo; _____ tengo que asegurarme.
    A. es decir   B. sin embargo   C. así mismo   C. por cierto

115. Ya sé que hace mal tiempo y que algunas carreteras están cortadas. _____ he decidido ir este fin de semana a esquiar.
    A. En consecuencia   B. En cambio
    C. De todas formas   D. Por el contrario

116. Es un joven poco sociable. _____ con frecuencia tenga problemas con la gente.
    A. Por lo tanto   B. De ahí que   C. No obstante   D. Además

117. No podemos aceptar los nuevos precios que nos exigen; _____ hemos decidido prescindir de sus servicios.
    A. no obstante   B. por el contrario   C. por consiguiente   D. aun así

118. Siempre tengo problemas con los números, tú, _____ eres un experto.
    A. de ahí que   B. en cambio   C. aun así   D. en consecuencia

119. No me importó que me _____ el segundo premio, ni siquiera esperaba llegar a la final.
    A. han dado   B. darían   C. dieran   D. dieron

120. Me gustaría estudiar _____ idioma. ¿A ti no?
    A. un otro   B. otro   C. otra   D. una otra

121. _____ guapo que es y no tiene novia.
    A. Con lo   B. Si bien   C. Incluso   D. Aún

122. Cuando conocí a Pedro, hacía poco que _____ de mi primer marido.
    A. me divorciaba   B. me había divorciado
    C. me divorcié   D. me he divorciado

123. Hemos quedado _____ volver a reunirnos mañana por la mañana.
    A. en   B. por   C. a   D. con

124. La señora Ramírez, _____ esposo es abogado, es jueza.
    A. que su   B. cuya   C. cuyo   D. su

125. No pudimos llegar a tiempo _____ del tráfico.
    A. con respecto   B. en función   C. por culpa   D. en busca

126. Como eran las tres y cuarto y no venías, pensé que me _____ de hora.
    A. habría equivocado   B. he equivocado
    C. hubiera equivocado   D. había equivocado

127. Juan, te he dicho que _____ toda la comida.
    A. comes   B. ha comido   C. te comes   D. te comas

128. Tus bromas no me hacen _____ gracia.
    A. ninguna   B. cualquier   C. algo   D. alguna

129. Cuando voy en metro, suelo leer un libro _____.
    A. cualesquiera   B. cualquiera   C. cualquier   D. cualquieras

130. Su extraña actitud hizo que _____ incómoda.
    A. sintiera   B. me sentiría   C. sentiría   D. me sintiera

131. Inés dijo que _____ a la fiesta, pero no ha aparecido.
    A. vendría   B. venía   C. viniera   D. vendrá

132. _____ que coma, no consigo aumentar de peso.
    A. Por   B. Por más   C. Por tanto   D. Incluso más

133. No le cuentes tus cosas a Silvia, no sabes _____ chismosa que es.
    A. lo que   B. de   C. la   D. lo

134. ¿Te resultó fácil _____ las pruebas necesarias para ser bombero?
    A. a superar   B. superar   C. que superaras   D. que superes

135. _____ mi hermano sabe responder a esa pregunta, y eso que tiene tres añitos.
    A. Mientras   B. Hasta   C. Siquiera   D. Como

136. Las entradas para el concierto de ese grupo _____ rapidísimo.
    A. fueron vendida   B. se vendieron   C. se vendió   D. fue vendidas

137. Está lloviendo a mares, no tenemos más _____ que cancelar el concierto.
    A. arreglo   B. consuelo   C. cosas   D. remedio

138. Se pusieron _____ en el banquete. ¡Cómo se puede comer tanto!
    A. rojos   B. morados   C. azules   D. verdes

139. En esta calle _____ dos farmacias.
    A. son   B. tiene   C. hay   D. están

140. Vuestros resultados son mejores que _____.
    A. el nuestro   B. los nuestros   C. nuestros   D. nosotros

141. Mi hermana no come tanto _____ yo.
    A. como   B. que   C. de   D. con

142. Soy hija _____; no tengo hermanos ni hermanas.
    A. única   B. menor   C. mayor   D. sola

143. ¿Puedes _____ una mesa para dos personas en el nuevo restaurante italiano?
    A. conservar   B. comprar   C. vender   D. reservar

144. Si _____ más de una asignatura, mis padres se van a enfadar.
    A. suspendo   B. apruebo   C. paso   D. estudio

145. _____ errores es parte del aprendizaje.
    A. Cometer   B. Dar   C. Poner   D. Hacer

146. A Alfredo lo que más le gusta es _____ por Internet.
    A. viajar   B. navegar   C. nadar   D. andar

147. A final de curso, los estudiantes le dieron a su profesora _____ de flores.
    A. un ramo   B. una hoja   C. una rama   D. un poco

148. Olvidé mi tarjeta de crédito, así que tengo que pagar en _____.
    A. efectivo   B. efecto   C. directo   D. dinero

149. _____ nos esforzamos al máximo, perdimos el partido.
    A. Puesto que   B. Como   C. Por más que   D. Aunque

150. No quiero _____ sobre este tema. ¡Estoy harto!
    A. acabar de discutir   B. seguir discutiendo
    C. dejar de discutir   D. cesar de discutir

151. _____ vienen mis primos a mi fiesta de cumpleaños.
    A. Es posible que   B. Puede que
    C. A lo mejor   D. Tal vez

152. Me castigaron _____ ofender a mis compañeros de clase.
    A. para   B. a   C. por   D. de

153. Si _____ en agosto, podremos ir a la playa.
    A. vendrás   B. vienes   C. vengas   D. venías

154. En esa casa no vive _____ desde hace tiempo.

A. alguien   B. nadie   C. ningún   D. alguno

155. Isabel está locamente enamorada _____ José Alfredo.
     A. con   B. por   C. a   D. de

156. Todavía no hemos comprado _____ para Luis, porque no sabemos lo que le gusta.
     A. ningún   B. algún   C. nada   D. nadie

157. Este curso es mucho más interesante _____ pensábamos.
     A. de lo que   B. que lo   C. de que   D. que

158. Mientras yo barro el suelo, tú podrías _____ los platos.
     A. tender   B. sacar   C. fregar   D. hacer

159. Los viernes estamos tan cansados que, en vez de cocinar compramos comida para _____.
     A. llevar   B. sacar   C. quitar   D. traer

160. Me quedé en blanco el día del examen. No _____ nada de lo que había estudiado.
     A. recordaba   B. memorizaba   C. olvidaba   D. acordaba

161. Para comprar las entradas tuvimos que _____ cola durante dos horas.
     A. hacer   B. dar   C. tener   D. detener

162. El avión está empezando a _____. Llegaremos a nuestro destino en pocos minutos.
     A. aterrizar   B. despegar   C. elevarse   D. bajar

163. Luis, _____ hijos estudian con los míos, es un prestigioso cirujano.
     A. cuyos   B. cuyo   C. que sus   D. sus

164. Sería increíble que nos _____ el primer premio de la lotería.
     A. tocaría   B. tocara   C. tocará   D. toque

165. _____ que insistiera en su inocencia, nadie confiaba en él.
     A. De lo mucho   B. Por mucho
     C. Para lo mucho   D. Con lo mucho

166. Te prometo que no _____ a mentir.
     A. volviera   B. vuelva   C. volveré   D. volvería

167. Luis es lo suficientemente maduro _____ entender la situación.
     A. como por   B. como para   C. como de   D. como a

168. No hace falta que os quedéis toda la tarde en la ceremonia. _____ con que hagáis acto de presencia.
     A. Basta   B. Hasta   C. Hace   D. Tiene

169. Nos vimos _____ a trabajar contra reloj, porque la fecha limite para la entrega estaba muy cerca.
   A. enfadados   B. obligados   C. rápidos   D. intensos

170. Han comprado más comida _____ la que necesitan.
   A. que   B. de   C. como   D. a

171. Se dice que el hijo del millonario ha sido _____.
   A. secuestrado   B. secuestrando
   C. secuestro   D. secuestrador

172. ¿Cuántas lenguas _____ en España?
   A. hablar se   B. se habla   C. se hablan   D. habla

173. Disculpen, aquí no _____ usar el móvil.
   A. se puede   B. se pueden   C. puedes   D. puede

174. A Marisa _____ ha tocado la lotería.
   A. le   B. la   C. se   D. /

175. Hemos perdido el partido _____ tu culpa.
   A. para   B. de   C. en   D. por

176. El taxista nos preguntó _____ dónde nos dirigíamos.
   A. en   B. entre   C. /   D. hacia

177. A mi madre le gusta lo dulce, a mi padre, _____ le encanta lo salado.
   A. en cambio   B. por tanto
   C. debido a   D. por eso

178. _____ hacía frío, cenamos en la terraza del hotel.
   A. Aunque   B. Puesto que   C. Como   D. Si

179. Juan Carlos está _____ dormido.
   A. muy profundo   B. profundamente
   C. en profundidad   D. profundísimo

180. Hablar así de tu propia hermana está muy _____.
   A. malo   B. mal   C. mala   D. malísimo

181. ¿Habéis preparado _____ todo lo necesario para la excursión?
   A. todavía   B. aún   C. incluso   D. ya

182. _____ no hemos firmado el contrato de trabajo.
   A. Todavía   B. Ya   C. Nunca   D. Tampoco

183. Yo que tú, _____ con ellos para aclarar la situación.
    A. hablaré   B. hablo   C. hablaría   D. hable

184. ¿Qué haríais vosotros si _____ en mi lugar?
    A. estuvisteis   B. estuvierais   C. estabais   D. estáis

185. No sé qué vamos a hacer el sábado; a lo mejor _____ a la playa.
    A. vayamos   B. hemos ido   C. vamos   D. fuéramos

186. ¿Qué te gustaría que te _____ por tu cumpleaños?
    A. regalaremos   B. regalásemos
    C. regalaríamos   D. regalamos

187. Si _____ alimentos sanos con frecuencia, se sentirá mejor.
    A. come   B. comería   C. coma   D. comiera

188. Ayer te llamé _____ me dijeras qué habíais hecho en clase.
    A. hasta que   B. para que   C. ya que   D. después de

189. Cuando _____ los resultados, avísame.
    A. sabrás   B. sabes   C. sepas   D. sabrías

190. ¿Cuándo _____ los resultados de mi análisis?
    A. salirán   B. están saliendo   C. saldrá   D. saldrán

191. Ana es una niña buena y tranquila. En general _____ muy bien.
    A. se sienta   B. se lleva   C. se pasa   D. se porta

192. ¿Cómo estás del dolor de cabeza? ¿ _____ mejor?
    A. Te pones   B. Te tratas   C. Te encuentras   D. Te llevas

193. _____ no nació en un país hispanohablante, habla español como un nativo.
    A. En cambio   B. Aunque   C. Como   D. Debido a

194. _____ no había nadie en la sala de espera aparte de mí, entré antes a la consulta
    médica.
    A. Por   B. Como   C. Aunque   D. Siempre y cuando

195. Luis me dijo ayer que hoy _____ tarde.
    A. llegue   B. llegaría   C. llegará   D. llegase

196. Está claro que ellos _____ la verdad.
    A. sepan   B. saben   C. hayan sabido   D. han sabido

197. ¿Cuánto tiempo _____ aquí?

A. andan trabajando   B. están trabajando
C. llevan trabajando   D. siguen trabajando

198. No me iré _____ me atienda el director.
    A. desde que   B. a medida que   C. porque   D. hasta que

199. Julio _____ parece mucho a su abuelo.
    A. lo   B. se   C. le   D. la

200. Sin vuestra hospitalidad, no _____ una estancia tan agradable.
    A. haya sido   B. habría sido   C. estaría   D. fuera

综合练习
EJERCICIOS INTEGRADOS

综合练习 1

第一节 将括号内的原形动词变为适当的人称和时态，填入空格内。

例：Ayer Juan (levantarse) <u>se levantó</u> muy temprano.

1. Es posible que mañana por la mañana (reunirse) _____ mucha gente en la plaza.
2. Cuando regresé a casa, el hijo me dijo que ya (terminar) _____ todos sus deberes.
3. Dicen que mañana (haber) _____ gran lluvia.
4. Me (gustar) _____ acompañarte al centro de estudios, pero hoy estoy muy ocupado.
5. El año pasado mis abuelos (soler) _____ pasear todas las noches.
6. Esta enseguida decidió que debía mandar allí a su hija favorita para que ella también (tener) _____ ese don.
7. Le preguntaron al leñador si (ver) _____ a la zorra.
8. A la pequeña ciudad de Chiquitrán (llegar) _____ un día en tren un tipo curioso.
9. El niño salió de alegría como si sus padres lo (elogiar) _____.
10. No me digas más, cuando vuelvas yo ya (limpiar) _____ toda la casa.

第二节 将适当的前置词或前置词与冠词的缩合形式填入空格内。

例：Dicen que acabas __de__ recibir un paquete de libros.

11. La hija se parecía _____ su madre tanto en el rostro como en el carácter.
12. _____ cambio, la pequeña era una muchacha dulce y amable además de hermosa.
13. Cuando terminó de beber la campesina se convirtió de repente _____ un hada.
14. Se sabe que el Día de los Reyes Magos es muy importante en España, especialmente _____ los niños.
15. _____ yo, podemos partir antes de que amanezca.
16. La madre la odiaba y la obligaba a trabajar _____ descanso.
17. Chicos, ¿podéis levantar la mesa _____ vosotros?
18. Si estamos preocupados _____ las actividades de nuestros hijos en Internet, podemos hablar con ellos.
19. _____ la derecha del pasillo, en primer plano, se observan unas latas muy bien apiladas.
20. Los artículos están también colocados unos sobre los otros _____ forma ordenada.

第三节 根据需要将冠词或前置词与冠词的缩合形式填入空格内。

例：Todos __los__ días, tenemos dos clases de español.

21. Chica, no te hagas _____ tonta, somos tus compañeros, podemos ayudarte.
22. Los chicos tienen ganas de visitar _____ catedral que está a su lado.
23. Durante estas vacaciones, Lidia sirvió por _____ primera vez de profesora a domicilio a unos chicos.
24. En la sociedad moderna, mucha gente adolece de _____ síntoma de lunes.

25. Ninguno se atrevía a ser _____ primero en ingresar al río.

第四节 从每题所给的 A、B、C、D 四个选项中选出最佳选项。

26. A algunos españoles les _____ acostumbrarse a la marcha que requiere un esfuerzo.
   A. gasta   B. cuseta   C. gana   D. se gasta

27. La Fiesta Primaveral es la fiesta tradicional más importante y más tenida _____ cuenta por las masas populares en China.
   A. por   B. con   C. en   D. para

28. Hernán Cortés ordenó que primeramente, _____ a vender el pan en la plancha de la Plaza Mayor, hoy el Zócalo capitalino.
   A. empiecen   B. empecen   C. empezara   D. empezaran

29. Por _____ otro lado, las librerías cada vez venden menos. Antes uno disfrutaba buscando un libro, se ponía cómodo y empezaba a leer.
   A. un   B. el   C. /   D. una

30. Dependiendo _____ la edad, las alergias pueden ser permanentes o pueden desaparecer con el paso del tiempo.
   A. de   B. por   C. con   D. según

31. En los últimos estudios realizados, se ha visto que el número de niños que las padecen va _____.
   A. aumentado   B. aumentando
   C. aumentada   D. aumentándose

32. La hija menor, que oyó los gritos desde la cocina salió corriendo de su casa en dirección al bosque para que su madre no la _____.
   A. buscara   B. busque   C. encuentre   D. encontrara

33. _____ Internet, la educación universitaria a distancia para adultos ha mejorado de forma considerable.
   A. Gracias por   B. Por el   C. Gracias a   D. Según el

34. ¿Qué te parece mañana lunes? Si no puedes, _____ y vamos otro día de esta semana.
   A. dímelo   B. díceme   C. dimelo   D. decídmelo

35. _____ publica The New York Times, el conejo murió el 20 de abril por causas que hasta ahora no se han aclarado en el vuelo.
   A. Por   B. Hasta   C. Según   D. Con

36. Cada año los ganadores eran más crueles _____ los perdedores, para vengarse _____ las veces que habían perdido.
   A. con, por   B. para, por   C. con, de   D. para, de

37. Cuando _____ tu partida el año que viene, no maltratarás a tu gigante.
   A. ganarás   B. ganas   C. ganaras   D. ganes

38. Era necesario que el cuerpo _____ intacto.
   A. se mantenga   B. se permaneciera C. se mantuviera D. permanezca

39. También cumplió el dragón, y desde entonces ambos hicieron _____ cada año.
   A. lo igual   B. lo mismo   C. el mismo   D. el igual

40. Los dos se pasaban el día jugando a los bolos, _____ las luchas y los malos tratos, tratándose más como compañeros de juegos que como enemigos.
   A. olvidando a   B. olviándose de   C. se olvidaban D. olvidaban de

综合练习 2

第一节 将括号内的原形动词变为适当的人称和时态，填入空格内。

例: Ayer Juan (levantarse) <u>se levantó</u> muy temprano.

1. Mamá, llámanos en cuanto (tener) _____ algo urgente.
2. Una amiga médica me (dar) _____ la dirección de una gitana. Según ella, esta señora me podría ayudar.
3. Por favor, (dejar a mí) _____ que limpie el cántaro y saque agua limpia para ti.
4. En mi vida (ver) _____ un chico que se aficiona tanto a la cultura española.
5. No había nada que él (poder) _____ hacer, salvo una cosa: mantener la calma.
6. No (hacerse) _____ el tonto, que yo sepa, ya te habrás enterado de todo lo ocurrido.
7. María fue a comprar los zapatos que le gustaban, pero ya los _____ (vender, ellos).
8. No contemos con Felipe. Si él estuviera aquí, no (ir) _____ a ayudar a nosotros.
9. La madre piensa que su hijo (preparar) _____ la cena antes de que vuelva a casa.
10. Si ayer (escribir) _____ la carta, yo podría enviársela a mi amiga ahora mismo.

第二节 将适当的前置词或前置词与冠词的缩合形式填入空格内。

例: Dicen que acabas <u>de</u> recibir un paquete de libros.

11. España quería conquistar otras tierras en busca _____ oro y plata.
12. Desde ese día Justino aprendió a no tener miedo _____ la oscuridad.
13. Pulgarcito se preparó _____ ir dejando caer piedras por el camino.
14. Como no tenía nada que comer, la familia volvieron _____ pasar hambre.
15. Los gobiernos y los sabios de estos países se reían _____ esta idea de Colón y no querían ayudarlo.
16. Los bebés que no toman lechematerna pueden desarrollar, _____ el paso del tiempo, algunas alergias.
17. Cuando encontremos a uno que caiga enfermo, lo primero que deberemos hacer es llamar _____ la ambulancia.
18. _____ todo caso, debemos hablar con nuestros hijos y establecer juntos las reglas que hay que seguir en el uso de Internet.
19. _____ un largo viaje, los Reyes Magos llegaron hasta Belén, ahí encontraron con gran alegría a un bebé en un pesebre y a su madre María y su padre José.
20. Una zorra estaba siendo perseguida _____ unos cazadores cuando llegó al sitio de un leñador.

第三节 根据需要将冠词或前置词与冠词的缩合形式填入空格内。

例: Todos <u>los</u> días, tenemos dos clases de español.

21. Hay 10 cosas concretas que todos podemos hacer para frenar el calentamiento de _____ Tierra.

22. En la televisión hay _____ programa muy interesante para los niños.

23. No le hagas caso, que cambia de idea de _____ momento a otro.

24. _____ pirámides de Egipto están consideradas grandes maravillas de la Antigüedad.

25. Cuando estudiaba en la universidad, le gustaba ir al cine todos _____ fines de semana.

第四节 从每题所给的 A、B、C、D 四个选项中选出最佳选项。

26. Los edificios que han visto _____ en los años 60 del siglo pasado.
    A. construyeron   B. se construieron
    C. construyéndose   D. se construyeron

27. Después de hablar con él varias veces, acabamos _____ saber cómo es él.
    A. de   B. por   C. con   D. para

28. Esta es la razón _____ no quiero acompañarte: no me encuentro bien.
    A. por la que   B. por que   C. con que   D. que

29. No te preocupes, si no _____ ayudarnos en el trabajo, podremos terminarlo a tiempo.
    A. podrás   B. puedas   C. has podido   D. puedes

30. No sé qué le pasa a mi tía estos días, que siempre se quejan _____ todo.
    A. de   B. por   C. con   D. entre

31. -¿A quién estáis esperando?
    -Estamos esperando a nuestra proferora _____ nos pueda explicar unas dudas.
    A. sin que   B. hasta que
    C. para que   D. porque

32. Si no hubiera sol y lluvia, las plantas que he cultivado no _____ tanto.
    A. podían crecer   B. pudieron crecer
    C. podrían crecer   D. habrían crecido

33. A los niños _____ fue difícil aprenderse de un poema tan largo en poco tiempo.
    A. les   B. los   C. se   D. las

34. No es que el chico no _____ hacerlo antes, sino que sus padres le impidieron.
    A. quería   B. quisiera   C. quiso   D. quiere

35. Ayer yo paseaba con mi madre por la calle, ¿sabes _____ quién me encontré por casualidad?
    A. de   B. con   C. a   D. por

36. La hija se parece mucho _____ su madre _____ el carácter.
    A. a, por   B. a, con   C. con, en   D. a , en

37. Sin duda _____, Julia quería compartir un piso con otras compañeras.
    A. una   B. cierta   C. alguna   D. ninguna

38. Mañana partiremos a las cinco de la tarde, ¿te _____ la hora?
    A. conviene   B. parece   C. convienes   D. pareces

39. Al ver a otros compañeros _____ detrás del árbol, el niño se echó a llorar.
    A. escondiéndose   B. escondidos
    C. esconder   D. esconderse

40. El me trata muy serio como si _____ mi jefe.
    A. es   B. será   C. sea   D. fuera

综合练习 3

第一节 将括号内的原形动词变为适当的人称和时态，填入空格内。

例：Señores, (seguir) _sigan_ por este camino, por favor.

1. Se interesó tanto por la novela de su favorito escritor que no (darse) _____ cuenta de que ya era muy tarde.
2. No es necesario que me (comprar, tú) _____ el diccionario, ya que me lo he comprado.
3. Aunque (ser) _____ muy pequeña, la niña ya empezó a ayudar a su madre en los quehaceres domésticos.
4. Con motivo de la Navidad, mis amigos y yo pensábamos (hacerse) _____ regalos.
5. Los estudiantes salieron de la clase sin que el profesor se lo (permitir) _____.
6. La vida feliz de hoy se debe a que todo el pueblo (esforzarse) _____ por ella.
7. Al ver que el tren (acercarse) _____ lentamente, él metió el libro en su bolso.
8. (Pasear) _____, llegamos a la orilla del río sin darnos cuenta.
9. Si me (decir, ella) _____ la noticia, no estaría tan preocupada ahora.
10. ¿Qué le pasó a Juana? La he encontrado (desanimarse) _____ esta mañana.

第二节 将适当的前置词或前置词与冠词的缩合形式填入空格内。

例：Dicen que acabas _de_ lograr un premio.

11. _____ que empezó a probar la dieta mediterránea, su salud iba mejorándose.
12. El perrito se escondió _____ la cama, y no se atrevió a salir.
13. _____ mí me cuesta mucho usar los palillos.
14. Ha instalado el ordenador _____ las instrucciones.
15. Tengo muchas ganas _____ que me hables de tu vida en España.
16. Durante un buen rato, marido y mujer se miraban _____ decir nada.
17. Mis compañeros y yo nos ayudamos mutuamente _____ el deseo de que todos progresemos juntos.
18. _____ todo, déjenme expresar mi agradecimiento a ustedes.
19. Empezó a interesarse por la literatura latinoamericana _____ los 50 años.
20. Como aficionado _____ la fotografía, ha comprado muchos equipos profesionales.

第三节 根据需要将冠词或前置词与冠词的缩合形式填入空格内。

例：Todas _las_ tardes, hacemos ejercicios en el aula.

21. ¿Has notado que Pablo no dirige _____ palabra a nadie?
22. Cuando vieron _____ águila posada en un árbol, se detuvieron.
23. El abuelo nos trajo muchos regalos. _____ mío era un reloj que me gustaba mucho.
24. Muy pronto llegó _____ policía para investigar el suceso.
25. Desde hace _____ años, mantiene buen contacto con los vecinos.

第四节 从每题所给的 A、B、C、D 四个选项中选出最佳选项。

26. ¿Tienes _____ novela del estilo moderno?

    A. alguno   B. algún   C. ninguna   D. alguna

27. Casi todos los compañeros de trabajo vienen a la reunión, _____ Carlos.

    A. además   B. y   C. excepto   D. más

28. María, ¿puedes traer el periódico _____ hoy para tu papá?

    A. de   B. por   C. para   D. en

29. - Los grandes almacenes sólo están abiertos _____ domingos, ¿verdad?

    - No, están abiertos _____ los domingos.

    A. pocos, algunos   B. todos, algunos   C. todos, pocos   D. algunos, todos

30. _____ las diez y las diez y media tenemos un descanso. _____ el descanso charlamos con los compañeros.

    A. Entre, En   B. A, Entre   C. En, Durante   D. Entre, Para

31. Necesitamos una secretaria _____ sepa al mismo tiempo inglés y español para hacer eso.

    A. quien   B. cual   C. quién   D. que

32. _____ que me impresionaba más del pueblo era su costumbre de la vida.

    A. El   B. Lo   C. La   D. Ella

33. _____ el español tanto en España como en América Latina.

    A. Se habla   B. Se dice   C. Se hablan   D. Se dicen

34. Todos sienten lástima de que _____ su futuro por un incidente casual.

    A. pierda   B. haya perdido   C. ha perdido   D. pierde

35. _____ de una historia muy triste. Te aconsejo no leerla por la noche.

    A. Es   B. Trata   C. Se trata   D. Tratan

36. La manera no importa, puedes hacerlo _____ tú quieras.

    A. como   B. cuando   C. donde   D. quien

37. _____ lo digas a Juan, va a ponerse muy furioso.

    A. Si   B. No   C. Como   D. Al

38. La joven se fue de casa con su novio al saber que la querían casar con un hombre _____ que no estaba enamorada.

    A. /   B. con   C. al   D. del

39. ¿En _____ piso está tu apartamento? He perdido la dirección.

    A. qué   B. cuál   C. dónde   D. cuánto

40. Lleva tres horas enteras _____ con su móvil sin levantar la cabeza.

    A. juega   B. jugado   C. jugando   D. jugar

综合练习 4

第一节 将括号内的原形动词变为适当的人称和时态，填入空格内。

例：Señores, (seguir) _sigan_ por este camino, por favor.

1. El policía preguntó al hombre por qué (matar) _____ a su vecina.
2. Cuando llegaron a España hace 5 años, no (saber) _____ hablar español.
3. Le preocupa mucho al maestro que uno de los alumnos (faltar) _____ muchas veces a la clase.
4. Por más que (gritar) _____, nadie acudirá en tu ayuda.
5. Si no me (traer, él) _____ el diccionario, no podré preparar el texto nuevo.
6. ¡Maldita (ser) _____! Llueve torrencialmente, y no puedo irme.
7. Me dirigió una mirada amistosa, como si entre nosotros no (ocurrir) _____ nada.
8. De ninguna manera (decir, tú) _____ eso a Paula.
9. Salió de la oficina (murmurar) _____ incoherencias.
10. Te aconsejo (seguir) _____ las palabras del médico, así podrás curarte rápido.

第二节 将适当的前置词或前置词与冠词的缩合形式填入空格内。

例：Dicen que acabas _de_ lograr un premio.

11. Durante estos tres años, toda la población lucha _____ la epidemia.
12. _____ unas semanas de esfuerzos, llevamos a cabo la misión tan complicada.
13. _____ yo, no vendrán a la conferencia ni Pepe ni Pablo.
14. No está en casa ahora Mariana. ¿Saldrá _____ compras?
15. Tenemos que preparar bien las cosas que se necesitan para la fiesta, _____ todo, la comida.
16. ¡Pobre _____ mí! Si el ordenador no funciona, ¿cómo voy a tener clases en línea?
17. Todos hacen cola para entrar en la sala uno _____ otro.
18. ¿Por qué has tardado tanto _____ llegar? La conferencia va a terminar pronto.
19. _____ todos levantaron el coche, y el niño se salvó.
20. No dejes de leer el texto en voz alta _____ que te lo aprenderás.

第三节 根据需要将冠词或前置词与冠词的缩合形式填入空格内。

例：Todas _las_ tardes, hacemos ejercicios en el aula.

21. Puedes consultar al señor Jaime, es _____ encargado de la misión.
22. _____ profesora Verónica, ¿podría hacerle unas preguntas?
23. Todos los empleados no querían elegir a Juan _____ gerente de la empresa.
24. Haga _____ favor de pasarme la novela que está en lo alto de la estantería.
25. _____ de las muchachas se levantó y dijo que era capaz de hacerlo.

第四节 从每题所给的 A、B、C、D 四个选项中选出最佳选项。

26. No creo que _____ entender eso sin ninguna explicación.
    A. podamos   B. podemos   C. podremos   D. pudimos

27. _____, la madre salió de casa para ir a la escuela.
    A. Preocupándose   B. Se preocupó   C. Preocupada   D. Preocuparse

28. No puedo encontrar mi móvil, ¿puedes telefonearme con _____?
    A. tu   B. tuyo   C. el tuyo   D. la tuya

29. Muchos estudiantes asistieron a esta actividad académica, _____ los de nuestra facultad como los de otras.
    A. tanto   B. tan   C. tantos   D. tanta

30. Este palacio _____ en el siglo XIV por un arquitecto muy famoso de España.
    A. es diseñado   B. diseñaron   C. se diseñaron   D. fue diseñado

31. No puedes imaginarte _____ difícil que era el examen de matemáticas de ayer.
    A. qué   B. lo   C. muy   D. el

32. Estas novelas _____ he leído muchas veces. ¿Quieres leerlas?
    A. que   B. los   C. /   D. las

33. Les agradezco mucho _____ la ayuda que me han ofrecido mis amigos en la vida.
    A. por   B. para   C. /   D. a

34. La conferencia _____ en la sala del segundo piso. No te equivoques.
    A. está   B. es   C. estuvo   D. fue

35. No creas que Mariana _____ estudiando, la veo echada en la cama jugando con su celular.
    A. está   B. esté   C. estaba   D. estuvo

36. He leído una noticia según _____ el precio de los productos agrícolas va a elevarse.
    A. cual   B. que   C. la cual   D. la que

37. - ¿Sabes cuántos años tiene el profesor Fang?
    - No sé exactamente. _____ tener cuarenta y cinco.
    A. Debe   B. Tiene que   C. Ha de   D. Debe de

38. ¡Date prisa! Sólo _____ cincuenta minutos para ir a la estación.
    A. nos quedan   B. quedamos   C. nos queda   D. se quedan

39. Paco, cuida al niño. _____, voy a preparar la comida.
    A. Cuando   B. Mientras   C. Mientras tanto   D. Mientras que

40. _____ los pocos estudios que realizó, pudo encontrar un buen trabajo en una fábrica.
    A. Gracias a   B. A pesar de   C. Aunque   D. A pesar de que

综合练习 5

第一节 将括号内的原形动词变为适当的人称和时态，填入空格内。

例：Ayer Juan (levantarse) <u>se levantó</u> muy temprano.

1. Espero que a partir de hoy (sentirse) _____ mejor con vosotros mismos.
2. La casa pertenece a mis abuelos, que (morir) _____ cuando mis padres se casaron.
3. La mujer paraba de trabajar cada vez que (oír) _____ el ruido.
4. El no respondió a mi pregunta como si no (saber) _____.
5. (Hacer) _____ la propuesta siempre que me apoyen ellos.
6. Si (interesarse) _____ por la literatura hispánica, te recomendaré algunos libros.
7. Yo que ministro para defensa de los animales, (prohibir) _____ cazar animales salvajes.
8. Estoy seguro de que os sorprenderéis mucho cuando (ver) _____ a Elena.
9. Aun cuando (subir) _____ a lo más alto de la montaña, os alcanzaríamos.
10. La ambulancia no tardó en acudir adonde (producirse) _____ el accidente.

第二节 将适当的前置词或前置词与冠词的缩合形式填入空格内。

例：Dicen que acabas <u>de</u> recibir un paquete de libros.

11. Tienes que tomar la medicina _____ dice el médico.
12. _____ los dieciséis años Isabel compuso su primera canción.
13. En aquel viaje Elena perdió una mochila _____ su móvil y los libros.
14. Guiado _____ un policía, Pablo llegó a la casa de su amigo sin problemas.
15. La chica _____ quien estás conversando parece muy molesta.
16. En carnavales mis amigos se van a disfrazar _____ payasos.
17. Sigue avanzando y no te detengas _____ llegar al final de la calle.
18. Mi hermano compró su primer coche en un mercado _____ segunda mano.
19. Este ordenador ya no vale _____ nada, ¿por qué no lo vendes?
20. En Madrid hay que pagar unos 11 euros _____ metro cuadrado en alquiler.

第三节 根据需要将冠词或前置词与冠词的缩合形式填入空格内。

例：Todos <u>los</u> días, tenemos dos clases de español.

21. Dos años antes mis padres vendieron la casa donde pasé _____ infancia muy feliz.
22. ¿Todavía recuerdas _____ día que nos despedimos?
23. Los dos se saludaron y entraron juntos en la sala de _____ reunión.
24. El abuelo le tocó _____ frente a la niña para ver si tenía fiebre.
25. Es una ciudad construida en _____ años sesenta del siglo pasado.

第四节 从每题所给的 A、B、C、D 四个选项中选出最佳选项。

26. El médico me dijo que lo que tenía es una indigestión, no es _____ grave.

A. ninguno   B. nada   C. mucho   D. poco

27. Al ver dormida la niña, la madre la cubrió _____ una manta.

     A. de   B. con   C. por   D. en

28. Cuando me di cuenta _____ haberse equivocado _____ camino, ya era demasiado tarde.

     A. de, el   B. de, de   C. en, el   D. en, de

29. Todos los habitantes han acordado _____ en caso de peligro.

     A. en ayudar   B. en ayudarse   C. ayudar   D. ayudarse

30. Si _____ con nosotros, verás algo muy interesante.

     A. vendrás   B. vengas   C. vienes   D. ven

31. - ¿_____?

     - Estamos a once de septiembre.

     A. Qué día es   B. A cuántos estamos   C. Cuál es el número   D. Cuándo es

32. Tenemos que convencerles de que _____ nuestro proyecto.

     A. aceptan   B. acepten   C. aceptarán   D. aceptarían

33. Mi mejor amigo Ema se caracteriza _____ su optimista.

     A. por   B. en   C. de   D. para

34. Para el próximo mes la chica _____ en la secundaria.

     A. entrará   B. habrá entrado   C. entraría   D. habría entrado

35. Dejé el diccionario sobre la mesa que estaba al final del pasillo, _____ había limpiado previamente.

     A. el cual   B. que   C. el que   D. la cual

36. Lo único que deseo es _____ enseguida de la fiesta.

     A. irse   B. voy   C. ido   D. irme

37. Según dicen el ministro _____ problema de contaminación en su último discurso.

     A. refirió el   B. se refirió el   C. se refirió al   D. refirió al

38. Ella me prometió que no _____ en la selva a no ser que la _____ un buen guía.

     A. entraría, acompañara   B. entraría, acompañaría

     C. entraba, acompañara   D. entraba, acompañaba

39. ¿Qué importancia tiene _____ 12 _____ octubre _____ 1492 para la humanidad?

     A. ╱ , de, en   B. ╱ , en, en   C. el, de, de   D. el, de, en

40. Este tema no me interesa _____.

     A. en fin   B. en serio   C. en absoluto   D. en silencio

综合练习 6

第一节 将括号内的原形动词变为适当的人称和时态，填入空格内。

例：Ayer Juan (levantarse) <u>se levantó</u> muy temprano.

1. Cuando Juan va de vacaciones, siempre pide a un vecino que (regar) _____ las plantas.
2. Cuando ella era más joven, (conducir) _____ como loco.
3. Si (haber) _____ un teatro en la ciudad, os invitaría a ver una mañana.
4. Ella me dijo que nunca (ponerse) _____ un vestido hasta el momento.
5. El padre prometió que cuando (casarse) _____ su hija, celebraría una boda más lujosa para ella.
6. (Ser) _____ en 1974 cuando toda mi familia se mudó a otra ciudad.
7. En los últimos años el clima de la Tierra (cambiar) _____ mucho.
8. Estoy convencido de que nuestro grupo (ganar) _____ el próximo partido.
9. Muchos de los participantes (regresar) _____ a su pueblo natal cuando lleguen los certificados.
10. El protagonista pensó que era posible que el nivel de agua ya (bajar) _____.

第二节 将适当的前置词或前置词与冠词的缩合形式填入空格内。

例：Dicen que acabas <u>de</u> recibir un paquete de libros.

11. _____ que se estableció en la ciudad, ha hecho muchos amigos.
12. Cataluña fue la primera Comunidad Autónoma _____ aplicar una tasa sobre alimentos conteniendo mucho azúcar.
13. Salúdale _____ mi parte cuando lo veas.
14. El cuadro fue comprado _____ un millonario.
15. Cuando vengas, ponte unas zapatillas _____ estar más cómoda.
16. Miguel se ofreció a llevarnos a la oficina _____ coche.
17. En la actualidad, la enseñanza _____ distancia nos ofrece una oportunidad de seguir estudiando fuera de trabajo.
18. Las tiendas se abren normalmente _____ las ocho y las nueve de la mañana.
19. No está bien que hablemos de la vida privada de los demás _____ el público.
20. No quiero que cambies la hora _____ avisarme antes.

第三节 根据需要将冠词或前置词与冠词的缩合形式填入空格内。

例：Todos <u>los</u> días, tenemos dos clases de español.

21. El perro blanco es _____ más pequeño de los tres.
22. Por favor, ¿aquí se puede tomar _____ fotos?
23. Mi abuela cumplió 60 años _____ 12 de mayo de 2021.
24. Elena se hizo _____ dormida cuando entró su amiga.

25. En el barrio hay unas tiendas, dos colegios y _____ hoṣpital.

第四节 从每题所给的 A、B、C、D 四个选项中选出最佳选项。

26. _____ postre, queremos pedir un café y frutas de tiempo.

    A. para   B. Sobre   C. En   D. De

27. Podéis venir a mi casa _____ de estos días.

    A. cualquier   B. cualquiera   C. ninguno   D. ninguna

28. Hacía mucho frío afuera. La madre no entendía por qué su hija no quería _____ el abrigo.

    A. quitarse   B. quitar   C. ponerse   D. poner

29. No podemos responder _____ la maldad _____ los favores que nos hacen.

    A. a, con   B. con, a   C. ／, con   D. ／, a

30. ¿_____ se celebra el sorteo de Navidad?

    A. Qué fecha   B. En qué fecha   C. En qué día   D. En cuál día

31. Raquel _____ que sus padres iban de trabajo y se puso a navegar por Internet.

    A. se aprovechó de   B. aprovechó de   C. se aprovechó   D. aprovechó

32. Fue entonces cuando yo _____ que todo era ya demasiado tarde.

    A. sabía   B. sabría   C. supe   D. supiera

33. ¿Cuánto tiempo ha tardado tu primo en _____ la vida de España?

    A. adaptar   B. adaptar a   C. adaptarse a   D. adaptarse

34. He recorrido casi toda la ciudad sin _____ ninguna arquitectura de estilo gótico.

    A. ver   B. haber visto   C. mirar   D. haber mirado

35. La profesora le ha entregado unos libros _____ encontrará abundante material para su tesis.

    A. las cuales   B. los cuales   C. en los cuales   D. lo cual

36. No cabe duda de que Fucho _____ el mejor jugador del equipo.

    A. es   B. sea   C. era   D. fuera

37. No me gusta el tipo _____. Tiene mucha curiosidad por conocer la vida de los demás.

    A. este   B. ese   C. aquel   D. eso

38. Hijos, cuando estoy en el extranjero, tenéis que _____ limpia la casa.

    A. mantener   B. mantenerse   C. manteneros   D. permanecer

39. Fue de este modo _____ se registraban los eventos en la antigüedad.

    A. cómo   B. cuando   C. quien   D. como

40. Me dio un cheque de _____ yuanes.

    A. mil   B. un mil   C. dos miles   D. miles

综合练习 7

第一节 将括号内的原形动词变为适当的人称和时态，填入空格内。

例： Ayer Juan (levantarse) <u>se levantó</u> muy temprano.

1. El Sr. Carlos ＿＿＿＿＿ (construir) una casita en el árbol el año pasado.
2. No es posible que ＿＿＿＿＿ (dar, nosotros) un aumento de sueldo.
3. Juan, ＿＿＿＿＿ (poner) las bebidas y bocadillos para la reunión familiar de mañana.
4. Ayer las maletas no ＿＿＿＿＿ (caber) en el maletero del coche.
5. Me alegra que tú ya ＿＿＿＿＿ (viajar) por Europa este año.
6. Si yo＿＿＿＿＿ (tener) dinero, viajaría por todo el mundo.
7. Por suerte llegaron al teatro antes de que ＿＿＿＿＿ (empezar) la función.
8. Cuando ＿＿＿＿＿ (ir, nosotros) a salir, alguien llamó a la puerta.
9. No creo que nuestra amistad ＿＿＿＿＿ (romperse) solo con unas palabras.
10. Si ＿＿＿＿＿ (coger) el autobús a tiempo, te habría llamado.

第二节 将适当的前置词或前置词与冠词的缩合形式填入空格内。

例： Dicen que acabas <u>de</u> recibir un paquete de libros.

11. El escritor ha tomado elementos de la mitología clásica y los ha convertido ＿＿＿＿＿ modernidad.
12. Estaba harta ＿＿＿＿＿ esperar y me fui a cenar yo sola.
13. Le pusieron una multa de 200 euros por no pararse ＿＿＿＿＿ un semáforo en rojo.
14. Este verano voy a visitar ＿＿＿＿＿ unos amigos que viven ahora en Roma.
15. ¿＿＿＿＿＿ qué trata este libro?
16. Mi novio me invitó ＿＿＿＿＿ una cena en el mejor restaurante de la ciudad.
17. Lo conozco ＿＿＿＿＿ hace más de veinte años.
18. Tranquilos, hay que esperar ＿＿＿＿＿ que mi hermano me avise.
19. Ya que te has ofrecido voluntario, haz el trabajo ＿＿＿＿＿ ganas.
20. María siempre está ＿＿＿＿＿ buen humor; nos contagia a todos su alegría.

第三节 根据需要将冠词或前置词与冠词的缩合形式填入空格内。

例： Todos <u>los</u> días, tenemos dos clases de español.

21. María es ＿＿＿＿＿ amiga de Laura y la novia de Carlos.
22. ＿＿＿＿＿ águila ibérica es un animal en peligro de extinción.
23. Ha aprobado ＿＿＿＿＿ 95% de los alumnos.
24. Marta es ＿＿＿＿＿ ingeniera de caminos.
25. Fatima vive en ＿＿＿＿＿ Estados Árabes Unidos.

第四节 从每题所给的 A、B、C、D 四个选项中选出最佳选项。

26. Me decidí ＿＿＿＿＿ estudiar el español cuando me regaló el libro sobre la cultura de los

países latinoamericanos.

    A. a   B. para   C. por   D. En

27. -¿Cuándo volviste anoche?

    -No lo sé precisamente, _____ las diez.

    A. era   B. son   C. fueron   D. serían

28. El presidente se dirigió _____ toda la nación por televisión.

    A. por   B. en   C. a   D. de

29. El pobre chico no ha hecho nada. No tienes por qué sospechar _____ él.

    A. a   B. en   C. de   D. por

30. Si consigues que tu jefe te _____ dos semanas de vacaciones, podremos viajar juntos a Europa.

    A. da   B. dará   C. dé   D. ha dado

31. Le dije a Luis que _____ si seguía hablando del tema.

    A. me ofendí   B. me ofenderé   C. me ofendía   D. me ofendería

32. El ladrón se aprovechó _____ la inocencia de un niño _____ entrar en la casa y robar.

    A. a, de   B. de, para   C. en, de   D. por, para

33. Elijan cualquier libro que les _____.

    A. guste   B. gusta   C. gusten   D. gustan

34. Te voy a explicar los motivos _____ no fui a la reunión.

    A. para que   B. por que   C. para los que   D. por los que

35. Se asomó por las ventanillas del tren _____ de nosotros.

    A. se despidió   B. despidiéndose   C. despedidos   D. se despidieron

36. Los padres volvieron de la oficina _____, pero prepararon la cena inmediatamente.

    A. cansada   B. cansando   C. cansados   D. cansándose

37. Ana salió muy contenta de la oficina al saber que era posible que ella _____ una beca para ir a estudiar a España.

    A. obtenga   B. obtenía   C. obtuvo   D. obtuviera

38. El profesor me llamó a la oficina para devolverme el libro que le _____.

    A. prestaba   B. pedía   C. había prestado   D. había pedido

39. Cuando Ana estaba dispuesta _____ decir algo, su marido se lo impidió con un gesto.

    A. con   B. a   C. de   D. en

40. Podéis hacerlo _____ cualquier hora que le _____.

    A. a, conviene   B. a, convenga   C. en, convenga   D. en, conviene

综合练习 8

第一节 将括号内的原形动词变为适当的人称和时态，填入空格内。

例：Ayer Juan (levantarse) <u>se levantó</u> muy temprano.

1. Yo nunca _____ (ver) una persona más aburrida y pesimista que es tu hermano Raúl.
2. _____ (Llover) mucho aquel día cuando nos fuimos de Belgrado.
3. Deseo que _____ (tener, tú) éxito en tu nueva vida.
4. Cómo podía ser que a su edad _____ (tocar) tan bien el violín.
5. Si el tren no llegara hoy con retraso _____ (poder, nosotros) ver el partido.
6. No te enfades tanto, es evidente que las niñas _____ (hacer) eso, son muy jóvenes.
7. Después de que me _____ (mentir, ellos), ya no pude dormir más.
8. Aun cuando _____ (viajar) mucho al extranjero, parece que es la primera vez que sale de su país.
9. ¿Conoces a alguien que _____ (querer) un perrito? Es que tengo dos.
10. - ¿Qué te dijo ayer Miguel en el concierto?
    - Que _____ (llegar) tarde porque su compañero estaba enfermo y tenía que hacer él su trabajo.

第二节 将适当的前置词或前置词与冠词的缩合形式填入空格内。

例：Dicen que acabas <u>de</u> recibir un paquete de libros.

11. A mí no me gustaría vivir en una casa con los suelos _____ mármol.
12. Jorge, tráeme un vaso _____ agua, por favor.
13. _____ las estadísticas, el número de recién nacidos en España disminuye cada año.
14. No ha salido de casa _____ que murió su marido. Está deprimida.
15. _____ la discusión, el presidente se mostró decepcionado con los ministros.
16. Acabaremos antes si limpiamos la casa _____ todos.
17. Se sentó _____ la estatua para admirarla detenidamente.
18. Los nuevos alumnos están _____ tu responsabilidad.
19. Ese médico trata a sus pacientes _____ mucha delicadeza.
20. Acabo _____ verlo entrar en la oficina.

第三节 根据需要将冠词或前置词与冠词的缩合形式填入空格内。

例：Todos <u>los</u> días, tenemos dos clases de español.

21. Mi primo es _____ cantante muy conocido.
22. ¿Hablas _____ español?
23. ¡Patricia! _____ paella se está quemando!
24. Viajamos en _____ tren.

25. Necesito hacer _____ ejercicios para mañana.

第四节 从每题所给的 A、B、C、D 四个选项中选出最佳选项。

26. Ayer me encontré con Elena y me dijo que estaba harta _____ todo.
    A. con   B. en   C. de   D. a

27. Es normal que la familia _____ cambiando hoy en día en España _____ la misma manera que en otros lugares del mundo.
    A. está, de   B. esté, de   C. está, con   D. esté, en

28. Me _____ tener mucho dinero para comprar ropa.
    A. encante   B. encantan   C. encantaría   D. encanto

29. Esta mañana, al despertarme, he recordado perfectamente _____ ocurrió el año pasado, tal día como hoy.
    A. el que   B. lo cual   C. el que   D. lo que

30. Además _____ Juan, todos los estudiantes asistieron _____ esa conferencia.
    A. de, en   B. por, en   C. de, a   D. por, a

31. Llevo diez años _____ español .
    A. estudiado   B. estudiar   C. estudiando   D. estudio

32. Nadie le puede impedir que _____ adelante.
    A. seguir   B. siga   C. sigue   D. segue

33. Nos _____ diez días de descanso a cada uno.
    A. toca   B. tocan   C. tocamos   D. toco

34. A mi hermana _____ las piernas.
    A. se duelen   B. le duelen   C. se duele   D. le duele

35. Si te duchas _____ bañarte, ahorra 100 litros de agua.
    A. en cambio   B. en lugar de   C. al cabo de   D. cada vez que

36. Al entrar en la habitación, la vi sentada _____ la mesa, mirando el paisaje _____ una ventana abierta.
    A. en, hacia   B. en, a   C. a, hacia   D. a, desde

37. Está muy mal que _____ la clase esta mañana.
    A. faltas a   B. faltes a   C. faltas en   D. faltes en

38. Prefiero nadar _____ correr.
    A. en   B. que   C. de   D. con

39. Quiero subir _____ un coche de carreras.
    A. al   B. a   C. en   D. con

40. Hoy _____ una camiseta, un jersey, una chaqueta y un anorak; parezco una cebolla.
    A. he vestido   B. me he llevado   C. me he puesto   D. he puesto

综合练习 9

第一节 将括号内的原形动词变为适当的人称和时态，填入空格内。

例： Ayer Juan (levantarse) <u>se levantó</u> muy temprano.

1. Era demasiado tarde cuando ellos se dieron cuenta de que (perder) _____ el avión.

2. Los obreros se retiraron antes de que (caer) _____ la fábrica.

3. En aquel entonces deseamos que no (sufrir) _____ tanto por la ausencia de tu amigo.

4. Ahora nos sorprende que tú no (saber) _____ nada de lo ocurrido.

5. ¿Por qué me miras como si (pasar) _____ algo?

6. Nos preocupamos de que ninguna empresa (ofrecerse) _____ a financiar nuestro plan.

7. Fernando se preguntó cómo (reaccionar) _____ su esposa si le contaba lo ocurrido.

8. Paula (disponerse) _____ a salir cuando Ana entró en su habitación.

9. (Hacerme, tú) _____ el favor de decirle que nos deje en paz.

10. –¿Por qué Ana no vino a la fiesta?

    –Pues, no lo sé. (Estar) _____ en el trabajo.

第二节 将适当的前置词或前置词与冠词的缩合形式填入空格内。

例： Dicen que acabas <u>de</u> recibir un paquete de libros.

11. No está Lucía en casa, dicen que ha salido _____ viaje.

12. _____ mi modo de ver, tu hermana mayor no podrá venir a verme, puesto que está enferma.

13. Estaba herida y no podía ni siquiera caminar un paso, por eso la ayudamos a bajar del coche _____ Juan y yo.

14. _____ todo, quiero presentarles a mi compañero de trabajo, el señor Carlos.

15. _____ la carta de invitación, no podemos entrar en la sala.

16. Ahora pasamos _____ hablar un poco de la cultura española, que podrá interesarles a ustedes.

17. Quedamos _____ vernos mañana por la mañana.

18. Cuando yo estudiaba en Barcelona, iba al cine tres veces _____ el mes.

19. China dispone _____ ricos recursos naturales.

20. ¿Acaso no te acuerdas _____ su nombre?

第三节 根据需要将冠词或前置词与冠词的缩合形式填入空格内。

例： Todos <u>los</u> días, tenemos dos clases de español.

21. Eran los últimos días de rebajas, todo _____ mundo los aprovechaba para hacer compras.

22. _____ mujer de Alberto es muy simpática y amable.

23. Saqué las llaves del coche y abrí _____ puerta.

24. Vamos a felicitar la llegada de _____ nuevo año bailando.

25. No te hagas _____ tonto, que me has entendido perfectamente.

第四节 单项填空：从每题所给的 A、B、C、D 四个选项中选出最佳选项。

26. Si los alumnos fueran más de veinticinco tendríamos que dividirlos _____ dos grupos.
    A. en   B. a   C. entre   D. por

27. La chica me preguntó si me _____ esperar un rato.
    A. importó   B. importaron   C. importaba   D. importaría

28. Yo no veo ningún motivo para que tú _____ tan triste.
    A.me pongo   B. te pongas   C. te pones   D. ponete

29. Perdona, ¿qué _____? No te he oído bien.
    A. dijiste   B. has dicho   C. diga   D. dime

30. –¿_____ en México?
    –No, espero tener la oportunidad de ir.
    A. Has estado   B. Estás   C. Estará   D. Estando

31. Aquella habitación era su preferida: _____ llena de libro.
    A. está   B. estaba   C. estuve   D. estará

32. Insistimos tanto que acabaron _____ concedernos la oportunidad.
    A. para   B. de   C. por   D. con

33. Llego tarde, ya lo sé, es _____ había mucho tráfico.
    A. el que   B. cuál   C. qué   D. que

34. –¿Estás enfadada?
    –No, _____ que estoy es muy cansada.
    A. lo   B. el   C. cual   D. cuál

35. –¿A qué día _____ hoy?
    –A domingo, 12 de junio.
    A. es   B. estamos   C. somos   D. estás

36. Si sigues trabajando así, _____ enfermo.
    A. te pones   B. te pondrás   C. pones   D. póngase

37. Ayer él nos prometió que nos _____ cuando arreglara todo.
    A. había llamado   B. llamó   C. llamará   D. llamaría

38. _____ este informe, me voy a casa.
    A. Terminando   B. Terminándolo   C. Habían terminado   D. Terminaron

39. _____ ya sabéis el subjuntivo, vamos a explicar otra cosa.
    A. Por qué   B. Qué   C. Como   D. Cómo

40. Podemos salir a comer juntos el domingo, siempre que todos _____ de acuerdo.
    A. estarán   B. estén   C. están   D. estarían

综合练习 10

第一节 将括号内的原形动词变为适当的人称和时态，填入空格内。

例：Ayer Juan (levantarse) <u>se levantó</u> muy temprano.

1. (Tratarse) _____ de un libro interesante, creo que te interesará mucho.

2. Es imposible que el accidente horrible (producirse) _____ por casualidad.

3. Si (saber) _____ la hora de reunión, dígame por favor.

4. (Ir, ellos) _____ a salir cuando vinieron algunos viejos amigos.

5. ¡Chicos, (cubrir) _____ con algo el arroz recién cosechado, que va a llover!

6. El año pasado, mis amigos (viajar) _____ tres veces a Europa.

7. La fiesta (animarse) _____ cuando el cantante famoso comenzó a actuar.

8. Todo el mundo se siente muy contento de que la empresa (funcionar) _____ bien.

9. Cuando me (dar) _____ la visa, iré a España a estudiar.

10. El jefe mandó a sus empleados que (terminar) _____ esta tarea importante.

第二节 将适当的前置词或前置词与冠词的缩合形式填入空格内。

例：Dicen que acabas <u>de</u> recibir un paquete de libros.

11. En el hotel hay dos pistas de tenis y una _____ baloncesto.

12. Me encanta estar _____ ella, porque es realmente sincera.

13. Os llamaré a casa _____ el descanso.

14. Viajar _____ avión es rápido y cómodo.

15. Ella es muy eficiente, se encargó _____ todas las cosas.

16. ¡Increíble! Moscú está _____ diez grados bajo cero en invierno.

17. Nació _____ Shanghai el día 15 de mayo de 1982.

18. Cuando me llamó al móvil Paco, estaba _____ salir hacia la estación de metro.

19. Por la manera de andar, aquella debe _____ ser tu amiga Lucía.

20. Ella no se atrevió _____ hacer algo difícil.

第三节 根据需要将冠词或前置词与冠词的缩合形式填入空格内。

例：Todos <u>los</u> días, tenemos dos clases de español.

21. Julio es _____ cantante muy famoso.

22. - ¿Qué chaqueta te gusta más?

    - _____ roja.

23. _____ tigre es un animal peligroso.

24. _____ hermana de Lucía es profesora de chino.

25. _____ domingos ella trabaja hasta las diez.

第四节 从每题所给的 A、B、C、D 四个选项中选出最佳选项。

26. La decana reunió a los recién _____ para explicarles el nuevo plan.
    A. llegaban   B. llegado   C. llegados   D. llegaron

27. Dígale por favor a Lucía que me _____ una botella de agua.
    A. compran   B. compre   C. compra   D. comprara

28. Cada vez que la madre _____ en la habitación de su hija, la encontraba estudiando.
    A. ha entrado   B. entró   C. entraban   D. entraba

29. Cuando yo vi a mi madre _____ , corrí hacia ella contento.
    A. acercarse   B. se me acercó   C. me acercó   D. me acercaba

30. ¿Vienes conmigo _____ te quedas en casa para leer?
    A. u   B. y   C. o   D. pero

31. Es a las diez en punto _____ empieza la clase.
    A. cuando   B. cuándo   C. cuanto   D. cuánta

32. ¿ _____ me puede ayudar levantar esa mesa?
    A. Todo   B. Alguien   C. Algo   D. Nadie

33. Paco y Alberto se parecen muchísimo, _____ nota que son hermanos.
    A. lo   B. sé   C. se le   D. se

34. La profesora recién llegada se llama Ana. ¿ _____ conoces?
    A. Las   B. La   C. Lo   D. El

35. El _____ día que llegó a México, conoció a su amigo Mario.
    A. primer   B. primera   C. primero   D. uno

36. Tengo tantas cosas que contarte _____ no sé por cuál empezar.
    A.en la que   B. quien   C. qué   D. que

37. Cuando llegó el policíaco, en la sala ya _____ muchas personas.
    A. se habían concentrado   B. habían concentrado
    C. concentraron   D. se concentraron

38. Juan me llamó para decirme que _____ a verme el próximo domingo.
    A. había venido   B. vendría   C. va a venir   D. vendrá

39. - ¿Qué hora es?
    - No sé, no llevo reloj, _____ las cuatro o cuatro y media.
    A. es   B. son   C. será   D. serán

40. ¡Hijo, arregla tu habitación! _____, voy a barrer el patio.
    A. Mientras tanto   B. De vez en cuando
    C. Lleva a cabo   D. Después de

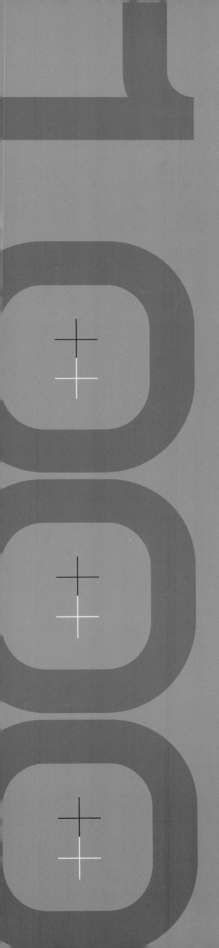

1000 EJERCICIOS INTENSIVOS DE GRAMÁTICA DE ESPAÑOL DE ACCESO A LA UNIVERSIDAD

CLAVES Y SOLUCIONES JUSTIFICADAS

✓ 高考备考 ✓ 真题模拟 ✓ 增分秘籍 ✓ 强化训练

高考西班牙语
语法练习快速突破
1000题
答案及解析

主编 孙引 李婉莎 万欣 何佳 刘博钰

东华大学出版社